VENUS PUBLISHING CO.
金星出版
命理生活新智慧・叢書

命理生活新智慧・叢書 82

$1元起家、能買空賣空的命格

◎法雲居士　著

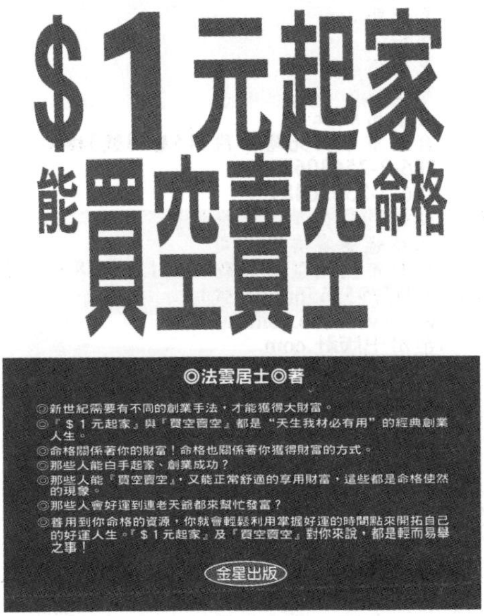

金星出版社 http://www.venusco555.com
E-mail: venusco555@163.com
法 雲 居 士 http://www.fayin777.com
E-mail: fatevenus@yahoo.com.tw
fayin777@163.com

金星出版

國家圖書館出版品預行編目資料

$1元起家能買空賣空的命格／法雲居士著，--第1版.--臺北市：金星出版：紅螞蟻總經銷，2007[民96]
面；　　公分--（命理生活新智慧叢書；82）

ISBN: 978- 957-8270-73-2 （平裝）

1. 命書

293.1　　　　96009627

$1元起家能買空賣空的命格

作　　者：法雲居士
發 行 人：袁光明
社　　長：袁靜石
編　　輯：王璟琪
總 經 理：袁玉成
地址：台北市南京路3段201號3樓
電話：886-2-27550850●886-2-25630620
FAX：886-27051505
郵政劃撥：18912942金星出版社帳戶
總 經 銷：紅螞蟻圖書有限公司
地　　址：台北市內湖區舊宗路二段121巷28・32號4樓
電　　話：(02)27953656(代表號)
網　　址：http://www.venusco555.com
E-mail　：venusco555@163.com
法雲居士網址：http://www.fayin777.com
E-mail　：fatevenus@yahoo.com.tw　fayin777@163.com

版　　次：2007年7月第1版
登 記 證：行政院新聞局局版北市業字第653號
法律顧問：郭啟疆律師
定　　價：280 元

行政院新聞局局版北字業字第653號
(本書遇有缺頁、破損倒裝請寄回更換)

ISBN-13: 978-957-8270-73-2（平裝）

（因掛號郵資漲價，凡郵購五冊以上，九折優惠。本社負擔掛號寄書郵資。單冊及二、三、四冊郵購，恕無折扣，敬請諒察！）

序

在命理學上，常以什麼樣的命格會有什麼樣的命運來點示眾人。可是我們的『命運』是和時間、空間及和人的思想相互交錯運動而形成的。而人的產生，又是另一個時間和空間的產物。因此，當一個人要講求其命運的時候，實際上已經通過許許多多或經過了千千萬萬個時間與空間的相互交錯運動。即使用電腦或電算機也未必能一下子算得清楚了。

但是命理學是歸納學，因此也能將許多相同命運的人，歸納其特性之後，而知道它會專屬於那一種命格。

現今是個多變的時代。商業活動十分活躍，大家都熱衷賺錢。而且想一本萬利，或輕鬆致富。

$1元起家 能買空賣空的命格

常常某些人是曾經擁有財富，後來又失去財富的人，或是日夜夢想成為鉅富的人，跑來找我看命，看看是否有不花一毛本錢，就能有『錢財滾滾達三江』的財富，可解決眼前困窘的問題。

我常勸一些當下在困窘或缺錢狀態的人，要明瞭在這個時候便是『窮運』的時刻，要忍耐！及修身養息，勿再做投資錢財或投資力氣之事，因為多半是徒勞無功及又有損失的。

這些人一定馬上會問：那要等到什麼時候才知道是好時機，可以開始動了呢？

每個人對於好時機的來臨都是非常清楚的！但有些人會過分幻想或把小小一點好事就看成好運來臨，這就會誤判而失敗了！到底什麼是好時機呢？其實用簡單的方法來預測，就是當你有稍為一些大財可進的時候，就是好時機來臨了！這筆大財也一定是平常或已經很久未見的大財才算是大財、才算是真正的好運到來。

世界上到底有沒有用『$1元起家』的人？到底有沒有可能以『買空賣空』而發達賺大錢的人？當然有！而且還很多！這些人到底是什麼樣的命格及命運呢？我們平常人是不是有機會走入這種奇蹟致富的命運中去呢！這些種種的問題，在這本『$1元起家、能買空賣空的命格』這本書中有詳細的揭露。

這是一個不可思議的時代！來創造你不可私議的人生命運吧！與讀者共勉之！

法雲居士　謹識

命理生活叢書82

$1元起家能買空賣空的命格

$1元起家
能買空賣空的命格

目錄

◎目錄

前言——

『$1元起家』、『買空賣空』，皆能創造財富達成生命的極限

所謂的『$1元起家』，就指的是『白手起家』的人

在日本鼓勵商業活動，因此有可以申請『$1元公司』的制度，也就是可以申請完全沒有資本額的公司來營業。這樣的公司

$1元起家 能買空賣空的命格

當然可以省卻籌措資金來組公司的困擾，但相對的，你要付出更大的精力，要用更寬廣的人際關係，或更強有力的行銷對策，才能真正將營業的公司體或組織撐起來。

基本上，資本額制度，保障了你在投資事業工作時，某些物品或該付的款項，可延緩付款．而當無資本額狀態時，別的商家就無法信任你，無法給你優惠或暫緩付款。一定是貨到付款或先付款再送貨。這樣一來，其實說是無資本的公司，其實會先花出更多的資本預先付出了。因此，『$1元起家』，其實只是一個形容詞而已了！

『$1元起家』（白手起家）的人，在中國的歷史上真是並不少見，像古代的陶朱公，及清朝的紅頂商人胡雪巖等等，都是大家耳熟能詳的人物，這是在做生意方面，其實在各行各業能白手起家的人更多。例如因戰功而封侯稱王的人，或本來是一介平民，因某些功績而在歷史上留下鴻爪的人皆是。例如古代的秦始皇，或現今常被論及的蔣介石等等。

我們可以發現，在這些『白手起家』的人中，其實他們都會有共同的特徵，就是在性格上有堅強的意志力和好運，以及有時代背景的烘托，因此說，是『時勢造英雄』，這是一點也沒錯的！

『買空賣空』是做生意的手法

做生意有所謂『無商不奸』的說法。現代的商家都把做生意

◎『$1元起家』、『買空賣空』，　皆能創造財富達成生命的極限

$1元起家
能買空賣空的命格

◎$1元起家、能買空賣空的命格

當做行軍打仗，當做一場戰鬥。其實你在資訊展的大賣場中就會感受到這種爭戰的壓力。在戰場上講究戰術推演，能欺敵致勝就是贏家。在商場上『買空賣空』，能不花本錢就能賺來數十倍的利潤，就是商場贏家。因此商場致勝的老手，不但能創造財富，更是能縱橫商場的大將軍呢！

在現今這個時代，是否還有機會能成就『白手起家』及『買空賣空』的人呢？當然可以！你不是已看見台塑集團的王永慶、現今的台灣的首富郭台銘，他們也都是個『$1元起家』、白手起家的最好實例嗎？你不是也看到比爾・蓋茲、卡神楊蕙如的『買空賣空』而成功的實例了嗎？因此！不論在那一個時代或那一個時間點上，都會有『$1元起家』的人和『買空賣空』的人正在努力，不久便冒出頭來，成為眾所周知的富貴人士，那個人會不會是你呢？讓我們從命格的角度來分析瞭解，便立見分曉了！

第一章　新世紀『$1元起家』的時代背景

在我們比較歷史和現代，以及從平常所得之經驗中發現，在各個時代都有『$1元起家』的人。雖然這些人發跡的過程和行業名目不同，但最後成就財富，成為當時首屈一指的『人上人』的地位，是不容否認的。

雖然，人要成功，要能白手起家靠自己的力量來成就富貴，其人天生的好強的性格是其重要資源。但是『成功』也取決於

$1元起家 能買空賣空的命格

『時間點』上，也可以說，要達成富貴的目標，其實也取決於時間的決擇點上。講到時間點，也就是大家所談之『運氣』了！也雖很多人都想白手起家，但真正能成功的人也如鳳毛麟角，這全要看『比運氣』的結果了。

在我觀察：這些白手起家而成功的人之中，在他們生存、生活的當時，其實是有其時代背景的。也可以說是：是時代催生了他們，或是『時代衍生出這些白手起家的人』。

現在讓我們來看看：有那些因素促使『白手起家』的人的成功！

1 政治、經濟背景的需求下而產生的『白手起家』的人

就像王永慶先生是西元一九一七年生的人，今年已九十歲高齡了，當他在當初經歷白手起家過程時，剛好是經歷政府來台，正想振興經濟之時，於是他趕上了，也搭乘了這個官民合作的順風車，在一九五四年（民國四十三年）時，創辦台塑公司走上了經營石化工業的路子，在民國五、六十年代和政府經濟政策配合搭擋，繼而創造了他日益龐大的集團及財富，被譽為『經營之神』。

在王永慶先生一生的致富過程中，大家看到的，是他終於找到了屬於他自己的賺錢的方法：就是利用二十世紀最紅的塑化原

料、石油原料來來做成民生用品或其他業內的產品。因為他投資的眼光正確，再加以本身的努力及時代的推波助瀾，因此成功的『經營之神』就確立了。

接著我們看郭台銘先生的經歷：他是一九四八年出生的人（戊子年），同樣也在民國六十三年創立鴻海公司，在民國六〇年代（一九七四年左右）開始創業。到了一九八〇年代，已是台灣錢淹腳目的年代時候，鴻海也經營的頗有規模了。

不僅如此，事實上台灣有許多企業主都是搭上了政府這一段經濟的順風車而發富的。其他的如長榮集團的張榮發雖不能稱其為白手起家之人，但也是在這段時間中搭上了經濟列車而擴張又快又大的。

2 二十世紀科技沖擊下的時代背景

二十世紀對人類史來說，是科技變化最大、沖擊人類生活、文化變化最大的時代，日新月異的科技，天天在改變人類的生活方式，使人類生活得更簡單、更豐盛、也更舒適，但有時也更操勞。但唯一令人更欣慰的是更賺錢！

在美國比爾．蓋茲的白手起家令人津津樂道，大學唸到二年級就放棄，自組電腦公司，經過一番努力，成為目前的微軟公司，電腦介入人類的生活方式，使人的衣食住行、生老病死都要

◎$1元起家、能買空賣空的命格

離不開它，當然也為比爾・蓋茲創造了世界首富的資產。

二十世紀的網路科技在世界各地都為當地創造了許許多多白手起家的小富豪，例如韓國網路拍賣行業中有一位化名『小美人魚』的網拍專家，其實他是一位本名叫『全雄烈』的年輕男子。前衛的科技和無限寬廣的網路世界為他帶來巨大的財富。

網路科技在二十一世紀的開頭仍方與未艾的、繼續能創造巨大產業、能為人帶來巨大財富的科技產品與機會。目前也正有許多年輕人或公司更前仆後繼的想以此條通路來邁向成功之路呢！

3 許多人因窮困或小康之家的背景，受經濟的壓迫而奮起努力

在台灣所有的白手起家的企業主中，你如果一個一個的去訪問他們，你會發現，幾乎是百分之九十九都是幼年生活貧脊，讓他很渴望賺到錢，或很渴望過到豐衣足食的生活。因此在經歷二次大戰後的經濟大蕭條時出生的嬰兒，幾乎都能胼手胝足、克勤克儉的去開創生機，拼命賺錢。像郭台銘及比爾・蓋茲、馬英九、陳水扁都是這個時候出生的人。其實在他們出生的年代裡，每個人都兢兢業業的在努力、在奮鬥，但他們的運氣比常人好（大都有暴發運），因此在許多關鍵時刻有助力。另一方面他們的聰明才智，讓他們容易嗅聞到錢財及成功的味道，這也就是說，

他們命裡帶財多，因此能有較堅強意志力與選擇對了該努力的行業，因此幾乎沒有浪費時間的、能創造出龐大的產業與財富出來。平常的人常改行，就沒有這般延續力量了。

4 二十世紀金融產品的多樣化，也產生一些新興富豪、或暴起暴落的人

二十世紀是個很精彩、多樣化，讓人目不暇給的時代！銀行從早期的存款、匯兌，漸漸衍生出一些金融產品，新興的金融機構、股票市場、期貨、債券等金融產品相繼出現，給了人們許多不同的投資管道。所以會產生像『索羅斯』這種『世界級的投資之王』，再加上應用電腦科技的無遠弗屆，天天可控制世界各地的

金融資訊，以及航空業的發達，來往世界各地尋找投資目標，對某些對賺錢有企圖心的人來說，都變成十分容易之事。這樣也創造出一些國際性的富豪，也會創造出一些暴起暴落人。

像現在大陸的股市很紅火熱鬧，獲利性高，台灣的許多小市民，也跨海去投資。其實現代，只要有一個吸力強的金融太陽，便會有大批人如像飛蛾撲火的方式，被吸進太陽的黑洞之中，是賺是賠，是苦是樂，就各安天命了！

另一個利用金融產發跡的例子，就是在台灣被封為『卡神』的楊蕙如，也聰明到利用很多銀行信用卡的紅利點數來換贈品、由網路拍賣來狠撈一票。像這種結合很多方式來賺錢的，如果計算不是很精確，或某一個環節有差錯，就立即會賠本。因此不是每個人都能適用的。

還有一些命格裡，十二個宮位中有太多宮位是空宮或煞星佔據較多宮位的人，也不能靠此驚險的撇步來賺錢，否則一定會踩空失敗的！

5 二十世紀，航空交通工具的便利，促使各國經濟交流迅速

二十世紀，航空的發展，交通工具的前進快速，有些人在無遠弗屆的投資，使資金快速某一個地區中的某一個國家。目前更

發展出了新的游牧民族，利用飛機的便捷，而能穿梭在世界各國之間來賺錢。例如有很多大師級的教授、教師、投資家，或是在藝術界有響亮知名度的音樂家、藝人團體等等，這些人也因交通的便利，與經濟的澎勃，促使了文化交流也創造了個人財富。

6 二十一世紀，世界文化大融合，人類彼此有了認同感

二十世紀由於科技的發達，影像傳遞迅速，使世界上東西文化、藝術快速的傳播、相互融合，也促使人類的生活習慣漸漸融合相似，有了大致上共通的標準，像電影、電視的傳播，使人類的衣食住行、娛樂都有了特定的標準規範與規格。因此世界經濟區域變大，不再侷限於自己本國之內，因此人類只要能跑到及佔

◎$1元起家、能買空賣空的命格

在有利自己的位置與方位，就能白手起家、『$1元起家』了。

第二章　能『$1元起家』的行業有那些

以前，有某些人來找我論命時，總會向我報怨說：想要找工作做，但不容易找到。想要做些小生意又沒有資金本錢，人生真莫可奈何呀！

我說：不難呀！人生到處有白手起家、$1元起家的人。我自己就有兩次白手起家的經驗。因此我覺得要做創業，只要用心好好的琢磨看事情怎麼樣去做成功就好了，資金的問題不是那麼大，資金也可從小處著手，慢慢再做大就好了。

$1元起家 能買空賣空的命格

以前有人訪問立法委員朱鳳芝女士的時候，問她為什麼會來參選立法委員，又是如何開始踏入此行業的？她最早是先選省議員，她說：『當時因沒有工作，想找工作，才會參選看看！沒想到就一直做下來了！』很多人都會覺得不可思議！但是做**政治人物也真的是最容易開始從事『$1元起家』的行業之一了**。

非常有趣的是：做政治行業，拼選舉，有些人須要花一、二億的金錢來做選舉經費，還不一定能穩當選。而某些人則因為有一個人生的轉折點而進入政治圈，也不用花費太大的資源，表面看起來不公平，但天道仍然是十分公平的，因為每個人的命格不一樣，有些人本命就是做政治人物的命格，因此一定會走到此路途上去，而某些人只是一時的利慾薰心，想到政界掌握權力可擁有更大的財富，因此不惜投下鉅資，在競選結果失敗後，又欠下大筆債務。如果能在選舉事前好好反省，也就不會事後辛苦了。

台灣時常在選舉，我也常碰到一些躍躍欲試的朋友在許多不同的場合碰到了，又想聽聽我對他們的建議。這些人通常都信心滿滿，但又怕我澆涼水，於是會一開始說了一大堆他有多少樁腳的話，先是給我增加對他的信心，再要我給他增加信心，十分可笑！

有一位做補教界的朋友，因為親戚中有位有名的民意代表，因此自己也想出來選立法委員。在一個偶然的場合和我見了面，希望我為他加油打氣，又希望我為他預測當選的機率。他濤濤不絕的訴說椿腳的佈置，以及會為他站台的有名政治人物。看見他緊張的樣子，我眼前只浮現出到他在選舉後垂頭喪氣，耗費了太多的金錢子彈，又被債所逼的可憐景況。自然也沒能給他太多的祝福。我一直覺得，人做自己能力所及之事就好了，不要好高騖遠。在創業中雖然需要創意，但那是一種用頭腦、用智慧來展現出好的構想。而不是只會燒鈔票、花錢去建築的事業。

各行各業都能$1元起家

無論在台灣或在全世界上都能以$1元起家，只是要看看你有沒有頭腦要做些你自己適合的事。更要看看你現有的運氣是不是能把你推向成功的頂峰。

在我們常聽說能$1元家的行業，常在成百、成千的類別之中。台灣是經濟開放的國家，自然能白手起家很容易。其實經濟不開放、經濟條件不好的國家及區域也會有另類的白手起家的人。因此多變的機會、機運，其實是最重要的了。

在這個世代，運動員、演員、流行歌手都是容易『$1元起家』的行業，但這需要長期的訓練，培育與競爭。到了一定知名層級之上後，大家就開始比賽看誰運氣更好，以及看誰命中帶財更多。

就像美國棒球大聯盟，簽下了許多亞洲前去的棒球好手，台灣的王健民就會和日本的『平成怪物松阪大輔』來相提並論的論身價一番。而在各球隊的相互爭戰之中，各人又得為突破及維持自己的戰鬥狀況而日夜戰戰兢兢，不敢有一絲的鬆懈，否則就會違背了祖國及球迷的企盼及支持。

但是，運動員、演員、流行歌手也是要靠天賦、先天的才能、才藝做為本身的資本、本錢，才能投入成功的。很多沒有這方面才華的人，也只能在這些行業邊緣徘徊而已了。

網路售貨能『$1元起家』

很多人都認為在網路上拍賣和售貨，是最能夠『$1元起家』了，當然想做都是可以的，但也會有些門檻。很多人要在網路上設網站，租用伺服器的設備，要買網址、要做廣告、要購買金流機制、要加入知名網站做線上商店，凡事都要用錢。而且你還要熟知電腦上線的操作方法。所以目前大多為三十五歲以下的人在做網路買賣。購買者也多半為年輕人。因此網路購物的產品無所不包。如果你想做網上購物的買賣，實際上你必須先上網遊玩觀望，某些該有的裝備你也大致有了，如此在網路開店就不會太難了。要以『$1元起家』也不遠了。

有位舒雨凡先生和朋友四、五人，一起在網路上構築『愛情公寓』的遊戲，都是一些上班族去上網到『愛情公寓』中找人同居，並可佈置愛的小窩，其實這只是個小女孩扮家家酒的遊戲，但幾個大男生巧妙應用後，在大陸、台灣兩地都擁有大量的會員。據說台灣有一百萬會員、大陸有五百萬會員。在創業多年以後終於成功。其實當那幾個人籌資一百萬元，三個月錢就燒完了，資訊業、網路業是個很燒錢的行業。因此只好另闢戰場再戰。終於在中國大陸有了好的收獲。

做網路會發，也要看命格，電腦網路五行屬火，夏天生的人，命中火多，偏財運特強的人，像雙子座的人，就特別愛做網路有關的工作，也會因為網路事業而大發！冬天生的人，其財星為火的人，做網路事業也會生財有道。

餐飲業、貿易業很容易『$1元起家』

餐飲業中許多賣小吃的，由小吃攤進而租店面，這都是典型的『$1元起家』的例子。在台灣景氣差時，小吃攤販最多了。很多都是在自家廚房煮煮就拿到街上來賣。小吃攤也是在所有創業成本中最低的，但也是看人做，各有成敗。

有一位朋友起先看別人賣果汁、冰品很簡單好做、又賺錢，於是躍躍欲試，他嫌擺攤不好看，於是向父母借了錢，租了店面。但沒開多久就關門大吉了，又跑來找我，問我他還能做什麼生意？

$1元起家 能買空賣空的命格

我是覺得他什麼生意都不能做！因為對自己都絲毫不了解之前，只是耗財而已。可憐他的父母、妻子失了財，又得眼睜睜的看著他糊里糊塗，迷迷惘惘。

生意人常說：『不熟的不做！』、『做熟不做生』，意思是指要做自己熟悉的行業，不太明白、不太瞭解的行業先不要去碰它。可有些人對那一門行業皆不熟。像前面這位朋友，原先在當郵差，對做生意都不熟，其實他適合做送貨的工作，或者開快遞公司。但是他又有些報怨，希望能吹冷氣、當老闆，其實這也是好吃懶做的類型了，又能做什麼生意呢？

有一位小姐非常精明，一面唸夜校，一面在一間中型的貿易公司任職，老闆很摳，但她很能忍耐，六年後，她學會了一切貿易的手法，也偷偷的和國外的買家建立了情誼，因此就自立門戶開了貿易公司，把原先老闆的生意搶了一大半過去。那位老闆雖然很氣，也莫可奈何。

這位小姐就很輕鬆的白手起家了，她的開業是做她熟悉的工作，因此可很快的上手賺一筆錢。但是業務要蒸蒸日上，還是要更加努力去開拓新的商機才行。否則生意也有被別人搶走的一天。

服務業、服飾業都是容易$1元起家的行業

服務業包含很廣，舉凡餐飲、衣、食、住、行、娛樂等行業

之中，都屬服務業的範圍。**更廣泛的說，**凡是服務別人的行業皆屬之。因此在這裡面的商機就無限了。最近新興起的休閒、旅遊、美容行業也屬於服務業之中。

有一位越南嫁到台灣的女士，她精於修指甲，在台北萬華一帶的美容院，遊走做生意。她修指甲不便宜，一次服務要七百元台幣，但仍有很多客人欣賞她，後因有些美容院會眼紅排擠她，後來又到酒店、飯店為客人服務了，客人透過櫃台召喚她，她就到客房服務，從此業務更加繁忙，乾脆把在越南的三個姐妹都叫來台灣一起賺錢，儼然形成企業團體的模式。如果她的人員管理成果好，未來也是容易做大，可開設具有規模美容機構的。

現今已有機動的美髮、美容業，有裝有器材的專車，可親自趨府服務。如此就可節省租賃店面的本錢，靠熟客而能『$1元起家』了。

有人說：『服飾業在越南是最容易成為國際化的企業集團』。因為只要二萬美金，就能成為國際化的公司了。越南的服飾業主要銷往美國，有美國紡織業的Code進口配額，就很賺大錢了。**在台灣服飾業也容易起家**，只要你會做衣，是只會賣衣服，你就能開店白手起家了。因此服飾業是門檻很低的行業，和小吃、飲食業一樣。但你要做到大規模的商家，還是有一段距離的。不過，只要努力不懈，仍是會有成功可能的。

$1元起家 能買空賣空的命格

第三章　能『$1元起家』的命格有哪些？

第一種能『$1元起家』的命格：『殺、破、狼』格局的命格

在紫微命理上，能以『$1元起家』的命格、白手起家的命格其實有很多。其中大多由『殺、破、狼』格局的命格所組成。

嚴格的說起來，《『殺、破、狼』格局的命格》主要是指命格

是七殺、破軍、貪狼的人，以及加上紫微、廉貞、武曲坐命的人一同組成的。

《『殺、破、狼』格局命格》的人，因為性格強，行動力快，敢做敢當，做事決斷力強，不會畏首畏尾，而且精明幹練，富有政治性的思想與戰鬥力，善於爭鬥。平常運氣也比一般人好，對錢財有敏感力。他們經常處於一種『反敗為勝』的境界，經過長期訓練之下，已十分熟練精巧的用機會來敗部復活了。而且他們堅信：成功與失敗只是一線之隔。因此這些命格的人，很容易走上『$1元起家』的道路之上。

第二種能『$1元起家』的命格：

『機月同梁』帶化權的命格

除了上述的命格，另外，在命宮、遷移宮、財帛宮、或官祿宮有化權的人，也能成為『$1元起家』的人。

通常『機月同梁』格的人，包括天機、太陰、天同、天梁等命格的人，會是做上班族的人。他們喜歡穩定的生活，喜歡談感情，人生中很多心思大多放在與家庭有關的人、事、物上。做事決斷力不強，有些人更憂柔寡斷，奮發力不足。因此在事業上的前途是有限的，也沒辦法開創更高的人生價值。但是當其人的命宮，或遷移宮，或財帛宮，或官祿宮有化權進入時，其人的性格

◎就變強勢，也喜歡掌權管事，喜歡主導及支配所有的，自己能管得到的事。自然就會對現狀與現實不滿，就想開創新局而打破藩籬，發奮起來，就能『$1元起家』了。

舉例說明

1 量子基金的創辦人喬治．索羅斯

喬治．索羅斯(George Soros)是著名的股票投資者及貨幣投機家。有時也做慈善家和政治活動份子。『東南亞金融風暴』又稱『亞洲金融風暴』就是他發動攻擊的。造成亞洲國家對他的痛恨入骨。股市崩盤，許多國家的財政也崩盤，小老百姓跳樓，財富失血，極為痛苦。因此索羅斯的惡名不逕而走。到底這位使亞

洲，以及全世界談之都為之色變、驚駭的人物真實骨子裡是個什麼樣的角色呢？現在讓我們來好好分析他一下！

喬治．索羅斯是（一九三〇年八月十二日）出生在匈牙利的布達佩斯的猶太人。一生性格激烈，愛好政治。父親是律師，經歷了一次世界大戰的逃亡生活。到了索羅斯九歲的時候，又逢第二次世界大戰，德國的猶太人大屠殺，只在一九四四年中，就屠殺了四十萬猶太人，因此從小索羅斯就經歷了生死存亡的可怕經歷。**求生的意念，也對他未來的投資有深遠的影響**。同時也造成**某些嗜血的個性**，後來也做一些慈善事業，也將錢捐到比爾．蓋茲的基金會，或是捐錢給東歐或蘇聯的共產國家。希望能帶領這些國家走向民主。記載上說：在一九九六年這一年中，索羅斯對

$1元起家 能買空賣空的命格

匈牙利、南斯拉夫與白俄羅斯三個國家的捐助金額比美國政府對這些國家的經濟援助還多。我想，這只是他另一種政治操作的手法。早年他生活的出生地匈牙利怎麼說也都有感情存在，自然不想欺負它。而東南亞國家的經濟體制不健全，結構脆弱，自然也是有機可趁的。因此泰銖和印尼盾應聲倒地，貨幣大幅貶值。至今仍有一些國家的經濟力量尚未復甦。所幸台灣是逃過一劫，但當股票大跌時，也有許多跳樓及燒炭自殺的人，令我們至今仍記憶尤新呢！

索羅斯是『武曲化權、右弼』在辰宮坐命的人，遷移宮相照的星是『貪狼、左輔、台輔』。表示其人極強勢、武斷、身宮又在財帛宮，因此非常重視錢、愛錢，是個視財如命的傢伙，但武曲化權包含了政治。因此其人只會為政治原因才捨得花錢。他曾經主導喬治亞的玫瑰革命而聞名，也曾為阻止布希再當選總統而募集資金來反操作。**這些政治活動都是其人會做的事**。說索羅斯是個『$1元起家』的人，一點都不錯的！他幼年經歷了許多必須求生的經歷，在十七歲時，到了倫敦，以打零工謀生，非常辛苦，但難不倒他。一九四九年他終於進入英國最有名的倫敦經濟學院讀書，在這段期間，他想走學術路線，想做教書的工作，想寫小說，但都不能如願。二十六歲時前往紐約，又做了一些和金融業相關的工作。**在一九六〇年代末(三十歲以後)他開始創業**，創立了兩個基金。一個是老鷹基金，另一個是避險基金(後改為量子基金)。

一開始，索羅斯只有和另一位夥伴及祕書，三個人一起工作。這時他的大運並不好，在走『破軍、文昌』的大運，是窮運，但專業使他沒什麼賺錢也沒賠錢。一九七〇年（他四十歲）到一九八〇年（他五十歲）之中，都平常，沒賺沒賠。一九八〇年底（已進入紫府大運）時，該基金已從六百萬美金升到了價值為三億八千多萬美元的價值了，成長了3.365%。如果投資人在一九七〇年投資一萬美元，十年後將可領回三十三點六五萬美元。而其他的基金十年後則只有一・四七萬美元。

武曲化權坐命的人，真的只是愛錢，為錢工作。其人福德宮為破軍、文昌，故操勞不斷，無福可享。他曾經想做教授，但成績達不到，因此沒做成。寫小說也是一樣，沒寫成，這是因為他沒有『陽梁昌祿』格的關係。也因為他太愛賺錢，因此在命格上是『主富不主貴』的人。當然不會有文名及能當教授教書了。

索羅斯因為是武曲坐命的人，對錢很敏感，但他和夥伴每天都要看很多相關雜誌及研究許多公司企業的年報，並從中發覺對自己有利，能創造趨勢，能製造財富的機會。他們經過長期的努力，使他所創辦的基金，每年平均成長百分之三十至四十。但他仍不滿足，藝高人膽大，**在一九九二年發動對英磅的攻擊**。當時英國經濟不振，很衰弱，想用降低利率的方法來振興，但又怕英磅貶值。希望德國一起降低利率，共渡難關，又被拒絕。因此英國政府獨自奮戰，來應付貨幣市場上的波濤。一時間，索羅斯和許多投機客一起拋售英磅。英國政府大舉買回英磅及再度提高利率，但已被這些投機客看出英國政府只是苦撐而已。在九月十六日英磅崩盤，大幅跌價。同時英國也宣佈退出歐盟貨幣組織（ERM），匯率穩定機能的組織。索羅斯一戰成名，獲利超過十億美元。也使他的量子基金突增一千倍的報酬率了。

當然，這次的戰鬥又在一九九七年複製到東南亞來，又影響遍及亞洲，使亞洲各國的經濟重創。

喬治・索羅斯命盤

父母宮 太陽化祿 火星 辛巳	福德宮 破軍 文昌 壬午	田宅宮 天機 陀羅 鈴星 天空 癸未	官祿宮 紫微 天府 祿存 文曲 甲申
命宮 武曲化權 4 — 13 庚辰	1930年8月12日 金四局		僕役宮 太陰化忌 擎羊 紅鸞 54 — 63 乙酉
兄弟宮 天同化科 地劫 己卯			遷移宮 貪狼 左輔 台輔 丙戌
夫妻宮 七殺 陰煞 戊寅	子女宮 天梁 己丑	財帛宮 廉貞 天相 <身> 戊子	疾厄宮 巨門 丁亥

在索羅斯的命格中有很強的『武貪格』暴發運格，這也使他有很強的鬥爭力和戰鬥力。並且他的興趣也主要在金錢貨幣和政治方面。他兩次攻擊都在寅、申年，流年是紫府和七殺的運程。第一次攻擊英國時他六十二歲！大運在『太陰化忌、擎羊』運，運雖不佳，但凶狠有加，流年不錯，仍能賺錢，但小賺，用一百億美元的子彈，獲利十億美元。在第二次攻擊時，已在『武貪格』大運上，流年逢七殺運，也是好運。其獲利更會數十倍、數百倍於賺英國的錢了。

由此可見武曲化權坐命的人，本命財多，又善鬥爭，攻心計，運氣也比別人好，意志力又堅定，不成功也難！雖然他也做了許多善事，捐助錢財，但是由於他的攻略，使普天下的蒼生皆受到池魚之殃。在亞洲金融風暴時，你我每個人的財富都縮水數倍之多，難道他用一些餘錢來粉飾太平，或支援一些他所認定的政治活動，就真能抵銷了普世道德的價值觀了嗎？我想這是不可能的。即使是用索羅斯的八字來看，他也是個好貪富貴、奸險，好打官司，不安份的人，也終將釀成災禍，自食其果的。

2 股神巴菲特

被稱為股神的華倫・艾德華・巴菲特(Warren Edward Buffett)

和索羅斯同年，也是一九三〇年生的人。他被暱稱為『奧瑪哈的先知』或『奧瑪哈的聖賢』。由於投資波克夏・哈薩威公司(Berkshire Hathaway)並擔任執行長，以長期睿智的經營而致富，是世界上僅次於比爾・蓋茲的第二大富豪。

巴菲特從小家境就不錯，父親是一位證券經紀人，後來也做到國會議員，算是富貴人家的子弟，自然他的『$1元起家』是十分容易的事。十一歲時，巴菲特就在父親的證券商工作了。十四歲時他以送報工資所存下的一千二百元美金買下四十畝地，並轉租給佃農。從小就很會賺錢了。後來又就讀賓夕法尼亞大學的華頓學院，以及進入哥倫比亞商學院。在經濟學大師葛拉漢的指導下拿到碩士學位。畢業後，起先仍在父親的公司上班。**一九五六年（丙申年）創立巴菲特聯合公司**(Buffett Associates, Ltd.)。這是巴菲特的第一個合夥事業。在一九六二年（壬寅年）時購買波克夏公司的股權，後來乾脆解散了合夥事業，全心經營波克夏公司。但波克夏公司是一間大型的紡織公司，產業進入沒落期，一蹶不振，是當時被人認為是失敗之舉。但經過巴菲特的經營，利用該公司的現金部份收購其他的私人企業，及買進其他公開上市公司的股票，使波克夏成為全球最大的控股公司。

巴菲特的投資風格，一方面實踐師葛拉漢的理論，一方面也跳脫出來，專注於個別利基的市場，專門選購一些具有持有競爭

$1元起家 能買空賣空的命格

優勢的企業。例如購買可口可樂即是一例。長久下來，波克夏持有為數眾多的在不同產業上屬一屬二的事業，因此獲利可觀而成功。

巴菲特是『破軍』坐命寅宮的人，其遷移宮為『武曲化權、天相、祿存』。表示其人性格強，善於適應環境，又懂得掌握錢財。有能使一切平順，及漸漸平順、富裕的力量。破軍坐命的人，喜歡打拼，有自己特殊的想法。也喜歡收拾爛攤子，不懼困難，因此會撿別人做失敗的公司來重整。破軍坐命的人也會有另類思想，有時也不按牌理出牌，因此能一直收購別人公司的股票，或乾脆直接收購公司，而達成自己成為最大控股公司的願望。

巴菲特因為遷移宮有武曲化權的關係，因此從小便與錢財相處，而必定生於錢財優渥的環境之中。也因為遷移宮中還有一顆祿存星，故其人雖有錢但頗為節儉、樸素。又因子女宮為天機居平的關係，其人性格非常保守，自己仍住在奧瑪哈中部的老房子內，因田宅宮是『太陰化忌、天空、地劫』，未來離開人世時，也要將財富捐作慈善之用，只有少部份留給子女。二〇〇六年巴菲特承諾將其資產的百分之八十五交由比爾•蓋茲夫婦的基金會來運用。

我們看巴菲特在一九五六年（二十六歲時），丙申年走武曲化權、天相、祿存運時開始創業。出資一百美金，親友都是投資者，提供了十萬伍仟美金。這是他能掌握錢財、聚集錢財天生有本領。

巴菲特在一九六二年（壬寅年）他三十二歲時，買了波克夏公司，此時大運正在『廉府、文昌運』，那一年的流年運是『破軍』，自己很努力衝動的投資，但大家都不看好。現任波克夏副總裁的查理・曼格曾視此次收購波克夏公司為一大敗筆。但多年後，卻成為全世界最大的控股公司。這就是巴菲特經營的功力了。巴菲特也會重信諾，把波克夏的債信評等，始終維持在 Aaa 級最高等級。因此能享有最低的舉債成本。也使該公司成為世界上少數在經濟災害及自然災害中仍能屹立不搖的企業。因為公司的資本雄厚，因此不畏金融風暴及水災、火災、風災、地震等自然災害的侵襲。

巴菲特因為本命財多，命好不怕運來磨。在他的命盤上也有一些不佳的流年及大運；但因為本命財多，及對經濟高度的學識，因此都能平安渡過，而且歷年還能增加獲利百分比。

每一個命格的人，都要看其先天的八字，能知道其人的天生財富之多寡，像有些人說破軍坐命的人耗財多，是不會富有的，這就不一定了。每個命格的人，要加上看八字才能定其主富、主貴，或仁慈、凶惡。**例如說巴菲特在做生意上就很厚道、大器。**這是因為其人八字、日主是『壬子』的關係。『壬子』是氣勢滂沱的大水，一洩千里。有印綬（庚金）、食傷（甲乙木）、與官煞

◎$1元起家、能買空賣空的命格

（戊己土）相互來制伏它，就會具有大富貴。

股神巴菲特 命格

田宅宮 太陰化忌 天空 地劫 35－44 <身> 辛巳	官祿宮 貪狼 45－54 壬午	僕役宮 天同化科 巨門 陀羅 火星 55－64 癸未	遷移宮 武曲化權 天相 祿存 65－74 甲申
福德宮 廉貞 天府 右弼 文昌 25－34 庚辰	1930年8月30日 土五局		疾厄宮 太陽化祿 天梁 擎羊 鈴星 75－84 乙酉
父母宮 15－25 己卯	庚午 甲申 壬子 丙午		財帛宮 七殺 左輔 文曲 丙戌
命宮 破軍 天馬 <身> 5－14 戊寅	兄弟宮 己丑	夫妻宮 紫微 戊子	子女宮 天機 丁亥

在歐美收購公司本是經濟、金融體系的禿鷹手法、與體制弱肉強食，將一些體質弱的公司買來，再分解以數倍的利潤出售。這是一種資本重新分配的方法。公司分解後會造成許多員工失業，生活困難，製造社會問題。巴菲特對想要收購的企業，會清楚傳達：不會干涉公司高層主管的運作與治理。會將該公司企業設定最低報酬率，並鼓勵企業主努力經營。企業主雖然在該公司的所有權賣掉了，從企業主變成為人打工，但仍能有獨立空間來運作，仍保持尊嚴。因此巴菲特的收購策略很成功，雖然不能賺取暴利，收購價格也令人滿意。被收購的公司企業也能繼續順利運作，勞工也免於解僱，皆大歡喜。這是巴菲特仁慈厚道的一面。

巴菲特很會賺錢，會用各種模式來賺錢。這是他命、身同宮，主意也多而奇特。從二千年開始，他用網上競標的方式，來為格來得基金會募款。得標人可和巴菲特共進晚餐。當然！這個和股神共進晚餐可討教的機會是十分令人豔羡和昂貴的，果然以六十二萬美金賣出。二〇〇六年，他又在 ebay 網上拍賣林肯座車，也捐做慈善之用。二〇〇七年巴菲特又再度將共進晚餐的機會拍賣來捐助慈善。我們將拭目以待其再創新天價賣出。不過，我看巴菲特二〇〇七的流年運不太好，應該也不會再有六十二萬美金的天價了。

3 投機鉅子唐納・川普

美國房地產鉅子唐納・川普（Donald J. Trump）靠著炒作房地產及股市發跡。他擁有紐約、新澤西州、佛羅里達等地的黃金地段的房地產。還擁有名為『川普梭運航空』(Trump Shuttle Airline)的航空公司，以及一家職業足球隊。並買下『環球小姐』、『美國小姐』、和『美國妙齡小姐』的主辦權，成為後台老闆。

在二〇〇四年，美國『國家電視公司』NBC推出一個特別節目（The Apprentice），別名『學徒』，台譯『誰是接班人』。特別挑選川普先生為此節目之主角，以一位成功企業家之身份來面試十幾位應徵工作的人，每星期淘汰一人，十五星期為一過程，最後選出一位佼佼者，可擔任該成功企業家的助理一年。節目非常精彩而廣受歡迎。

川普生於一九四六年的紐約，有一個姐姐、兩個弟弟、一個妹妹。川普幼年活動力強，靜不下來，因此十三歲那年，父親送他去讀紐約軍事學校。十八歲那年畢業，再進入長春藤盟校賓州大學讀華頓商學院。川普父親本來就在做房地產生意，在紐約皇后區有『川普公司』，為周圍地區興建公寓、住宅，供租賃或販賣。川普大學畢業後起先在父親的公司工作，但隨後遷往曼哈頓繁華區域。

川普在一九七四年（二十八歲時），買下因『賓夕法尼亞中央

$1元起家 能買空賣空的命格

鐵路公司』破產所出售位於紐約曼哈頓區的地產，並建議政府在此地上興建『市立會議中心』。政府到一九七八年同意興建。

在第二年（一九七五年）川普以一千萬美金買進靠近紐約中央火車站的破舊旅館，在一九八〇年（三十四歲）完工興建為『凱悅大飯店』。

接著又在曼哈頓興建六十八層高的綜合商業大樓『川普大廈』（Trump Tower），其中有精緻高價的辦公室、精品店，以及豪華公寓。川普因此而財源滾滾。除此之外，川普經營航運，買了足球隊，贊助職業拳賽，也出版了三本書。其中一本是一九八九年出版的《川普：交易的藝術》（Trump: The Art of the Deal）。川普更在他擁有的泰姬瑪哈賭場飯店上都加上川普的名字。

川普是空宮坐命未宮，遷移宮有太陽、太陰相照的人。因為八字中火太多，因此脾氣古怪，做事喜不按牌理出牌，甚至於標新立異。這一方面是因為命格中有『鈴貪格』的關係，幼年在家是非多，毛躁，因此被父母送去唸軍校，和家人不和；另一方面又因為身宮落於夫妻宮的因素，很注重別人對他的觀感，覺得自己比父母能力強，一定要做給父親看，要拼命有錢、富有，在社會上有高等評價，想打破自己的迷思，創造一些背經離道的路子。事實上，他一直在放一些煙霧彈，不希望別人太瞭解他。或是瞭解他，但不要講出來、報料。可是，當他做了這許多怪事之後，不引別人非議才怪！

川普　命格

夫妻宮 天梁 祿存 <身宮> 癸巳	兄弟宮 七殺 擎羊 甲午	命　宮 4 － 13 乙未	父母宮 廉貞化忌 左輔 天馬 14 － 23 丙申
子女宮 紫微 天相 文曲 壬辰	金四局	1946年6月14日	福德宮 24 － 33 丁酉
財帛宮 天機化權 巨門 文曲 辛卯	乙己甲丙 亥未午戌		田宅宮 破軍 地劫 34 － 43 戊戌
疾厄宮 貪狼 鈴星 庚寅	遷移宮 太陽 太陰 64 － 73 辛丑	僕役宮 武曲 天府 火星 天空 54 － 63 庚子	官祿宮 天同化祿 文昌化科 44 － 53 己亥

在川普的命格中有『陽梁昌祿格』和『鈴貪格』。『陽梁昌祿格』讓他有高學歷，可以在唸軍校回來，十八歲時考上長春藤聯盟的賓州大學華頓商學院一流學府，從而有了高水準的商業領域經營知識和祕訣。更懂得『市場行銷』，而加以實行。又因為十八歲逢虎年，正好走『鈴貪格』暴發運格，因此有機會考上一流學府，從此人生就不一樣了。

在一九七四年又逢甲寅年，川普第一次投資買下曼哈頓『賓夕法尼亞中央鐵路公司』的地產，有此天大好運，也是由於『鈴貪格』的暴發運的關係，而有此大膽、衝動的決心，而敢於一試成功的。其後，在一九七五年（乙卯年），川普走『天機化權、巨門、文曲』的流年運，很能掌握時機的運氣，川普又以一千萬美元買了一間破舊旅館，後改建為『凱悅大飯店』。之後又在曼哈頓建了六十八層樓的『川普大廈』。因此川普的好運大都在虎年、兔年、龍年這三年。賭場、航運公司、職業足球隊、職業拳擊賽、出版書籍，也大多用這三個年份來完成。更曾在一九八七年（丁卯年），一九九九年（乙卯年），都是兔年走『天機化權、巨門、文曲』運時，兩度參選美國總統，又兩度退選。其實他只是出來鬧場，以增加知名度、曝光率的，否則不會用『因有潔癖，害怕與太多陌生人握手』而退選的這麼爛的理由來搪塞。

暴發運是鐵定有『暴起暴落』現象的！因此在一九九〇年（庚午年），川普走『七殺、擎羊運』流年運時，美國經濟泡沫化，房地產不景氣，川普的房地產貶值很厲害，收入也減少，一下子資產從十七億美元遽減到五億美金，幾乎破產，當時他債台高築，每年用高額利息來周轉資金。各銀行也怕他破產而本利全失，因此准他將房地產交給銀行團託管，而讓他暫緩支付部份貸款利息。當時每年利息負擔就高達二億元。在這一九九〇年一年中，川普夫婦也離婚了，可謂運氣之極背。三年後又再婚，但六年後又離婚。在一九八年又走到戊寅年鈴貪格、暴發運。一九九九年又走到『天機化權、巨門、文曲』運的川普已陸續把被銀行團監管的房地產贖回了。

大家都覺得世界上的大富翁都是很低調的人，不太願意張揚自己的財富。而川普卻敢說敢做，又敢當，處事風格異於常人，生活上又多八卦、趣聞，是一位媒體新聞消耗力強時，可拿來填

◎$1元起家、能買空賣空的命格

充封面與新聞故事的角色。川普的商業知識很豐沛，也賭性堅強，膽量特別大，常會在交易過程違反常規，來出奇致勝。例如很多人會在競爭激烈時削價求勝，但川普不會，有時他反而抬高售價，使對方弄不清楚他的策略。縱然，對方拂袖而去不買，他也覺得沒關係，因此始終用他特異的交易手腕在商場爭戰。這就是命格中深受『鈴貪格』影響的結果。

4 維京冒險家的總裁理查・布蘭森

維京集團的總裁理查・布蘭森(Richard Branson)一生都是大膽冒險的行徑。就連企業的名字也是一樣，取名 Virgin，原是『處女』的意思，中譯為『維京集團』。布蘭森在商界一直以怪點子超級多，和極愛冒險出了名。正是因為這種因素才使他在短短二、三十年中，極速成長為橫跨多種業界的大企業集團。

布蘭森的命格十分特別，是『貪狼、火星』在辰宮坐命的人，本身就是火貪格的命格。本命有非常強的暴發運，又因為對宮之遷移宮有武曲化權，自然暴發的是錢財了，也在錢財中打滾。身宮又落在遷移宮，是故會全世界到處走，到處去賺錢，而停不下來，也沒辦法待在家中。實際上，這個人是沒有一刻能安靜下來的人，幾乎可以說是有點帶躁鬱症的人。其人非常聰明，怪點子多，思緒如飛，變得很快，因此，**當記者訪問維京健身俱樂部的負責人凱莉時，**她就說：『在我辦公室中有一本筆記本，記滿了理查‧布蘭森的各種怪點子、怪念頭。他總是說：我要這樣，我要那樣。我得說：這裡有許多點子都是他的，但這本筆記本，實在稱得上是個笑話大全。』由此可見，布蘭森的想法很多，但常常會因時空的關係，或人為的關係給消化掉，彌平而不存在了。某些還存在的呢，則形成目前這總共超過三百五十家的大小公司。布蘭森更成了英國前面幾位的大富豪之一，也曾經接受英女皇授爵士、爵位。

很多媒體在提到布蘭森白手起家創業的過程時，認為他從小

$1元起家
能買空賣空的命格

不學好，在十七歲時，拿著母親給他的四英磅，本來是要作郵資和電話費之用的錢，卻用此錢和朋友在一個地下室中創辦一分《學生》雜誌。在一九六八年時，這本雜誌正式發行。在布蘭森就讀的斯頓中學的校長，給他的祝辭是：『布蘭森！我向你祝賀，但我預言，你未來不是會坐牢，就是會發大財！』

當時的布蘭森其實是個叛逆的小孩，對很多事不滿意，為了想廢除男生學校中學生必須做的勞役工作，以及對學生的體罰，和必須強制性的去教堂禮拜，他創辦了這本雜誌。因此在當時可以說是個叛經離道的學生。應該當時大家都不看好他的雜誌。當時布蘭森其實也正在衰運當中，摔傷了膝蓋，沒辦法運動，並患有閱讀障礙症。這些都是『火貪坐命』的人的特有狀況。但是他

$1元起家
能買空賣空的命格

每天都有很多的構想、點子出現。他從名人錄中記下二百五十位名人的名字，又會在電話簿上找可能的，能幫忙他廣告的客戶，也曾經寫信給英國最有名的書籍連鎖店老闆史密斯先生，請他支持這份學生雜誌，但結果都不算很理想。一直沒辦法盈利，雖然刊物發行後也引起一陣轟動，當時一些有名的歌星如搖滾巨星滾石樂隊主唱米克•賈格爾，以及後來的約翰•藍儂都接受過訪問。後來這份雜誌面臨困境，這困境反而成為轉機。布蘭森在自己雜誌的封底做廣告，低價郵購過期的音樂帶。因為當時英國專賣店的音樂帶價格很貴，而他賣的是過期的，因此便宜，訂單源源不斷而來。這一方面也是因為在一九七〇年狗年，暴發運暴發的關係，狗年又逢武曲化權的流年運。因此，在一九七〇年布蘭森在倫敦牛津街上開了第一家音樂帶店，之後又有了足夠的錢，開了一間音樂帶錄音室。在一九七一年(豬年)開始，布蘭森已在英國各地開設好幾家音樂帶連鎖店了。他是從一九六九年開始用『維京』(Virgin)這個名字做公司的。當時，布蘭森的媽媽每天還得幫忙包裝，寄出這些音樂帶。維京音樂帶第一次大賣，是在邁克・奧德菲爾德(Mike Oldfield)的『管鐘』專輯(Tubular Bells)，隨後維京公司和許多大牌歌星及樂團紛紛簽約，有菲爾・柯林斯、博伊・喬治、滾石樂團等，其後十年，至一九八〇年代早期，維京唱片成為英國知名品牌。在一九八四年(甲子年)時，布蘭森踏足航空業。有一位美國青年律師倫道夫・菲爾茨打電話向他建議開航空公司，當時維京唱片剛從破產邊緣才擺脫出來要成為獨立的唱片公司，他旗下的歌手正在走紅，許多單曲及專輯在排行榜前十名。有一天，布蘭森突然給共事的好朋友兼伙伴西蒙打了通電

◎$1元起家、能買空賣空的命格

話說：『你認為開一家航空公司怎樣？』西蒙快瘋了，給他的回答是：『你不如從我的屍體上踩過去！』

命格是貪狼坐命或『火貪格』的人，就是這樣，想到什麼好點子一定要去試一下，做做看！否則會不甘心的。因此『維京大西洋航空公司』就開起來了。當時，他還和英國航空界的龍頭老大『英國航空』打了一個非常轟動的官司，最後贏得勝利，保住了大西洋兩岸的營運權。

布蘭森在一九九四年(甲戌年)又逢暴發運格，成立『維京可樂公司』，目前維京可樂在歐洲的銷售量超過百事可樂。又在一九九六年(丙子年)成立維京鐵路公司，並想發展成為歐洲品質最好的鐵路公司。一九九九年(己卯年)又宣佈成立維珍電能公司。

布蘭森非常喜歡冒險，自從一九八七年(丁卯年)有一個瑞典熱氣球迷佩爾·林茲蘭邀請他一起飛越大西洋後，他就迷上熱氣球了，並和這位瑞典人一同成為首次乘坐熱氣球飛越大西洋的人。

布蘭森另一個驚險又大手筆的事是：在一九九八年(戊寅年)的聖誕夜，那天，布蘭森正坐著熱氣球環繞地球一周，由於天氣惡劣，最後臨時決定經過中國上空，通過與地面上緊張的交涉，希望能得到進入中國領空的准許。甚至請英國首相布萊爾給朱鎔基總理寫了一封信，最後一分鐘終於拿到這個許可。聖誕夜布蘭森準備繼續剩下的三分之二行程，於是當要離開中國海岸之際，他收到從英國傳來的消息！『熱烈慶祝維京航空成為唯一可從英國直飛上海的航空公司！英航被拒，趕快回來！』那之後不久，上海馬路上在跑的紅色雙層公共汽車上就已經出現維京的商標，還用白字醒目的印著『下一站，倫敦』的字樣。布蘭森大笑著對記者群說：『這是個奇妙的世界，上一分鐘我還害怕在中國上海的上空被擊落，下一分鐘就接到我的飛機波音七四七可飛往上海的許可！』其實布蘭森應該常有這種經驗的，因為本命是暴發運的人，總喜歡和生命的極限、和恐懼、和快樂做賭注。永遠是極度恐懼和極度快樂和賭博。布蘭森說：『我最關心的就是找樂子！』，『冒險活動比商業更有趣！』又說：『每一次冒險回來，就像再次失去童貞！』『每次冒險都是無法預知結果的一步，有點像失去童貞。』布蘭森每次都用大膽而真實的言論形容自己愛好冒險的心情。實際上，這種命格的人，愛冒險成癮，每一次冒險都像脫胎換骨、重獲新生一班。而在事業上，他也是這麼看待的！

倘若仔細地分析布蘭森的人生，你會發覺他一生的運氣比大多數人好。這是因為貪狼是『好運星』的關係，本命有好運星入坐，再加上又是暴發格，每隔六年暴發一次的好運，氣勢無法擋！再則是貪狼是『貪星』，亦是『貪心』的意思。貪狼坐命的人都非常的貪心，貪事業權力，與『貪財』。布蘭森的身宮落於遷移宮，又有武曲化權在其中，貪的主要是『財權』，亦稱之為『財的主控力』。而且喜東跑西跑的去掌握財富。

在布蘭森的命格中有亥未二宮形成的『陽梁昌祿格』，因有陀

◎$1元起家、能買空賣空的命格

羅在格局中，三合宮位卯宮又有太陰化忌陷落的關係，以及本命格急躁，忙著去賺錢的關係，因此沒時間去追求高學歷。但命格仍是主貴的。八字中，有庚、丁在干上，也是主貴能成為有名、主富的人，後由英女王授予爵士爵位頭銜，這就是主貴的地位了。

理查・布蘭森命盤

父母宮 巨門 14－23 辛巳	福德宮 鈴星 天相 廉貞 24－33 壬午	田宅宮 文曲 文昌 陀羅 天梁 34－43 癸未	官祿宮 天空 祿存 七殺 44－53 甲申
命宮 火星 貪狼 4－13 庚辰	金四局	1950年7月18日	僕役宮 左輔 擎羊 天同化科 54－63 癸酉
兄弟宮 太陰化忌 己卯	丁甲癸庚 卯寅未寅		遷移宮 武曲化權 <身> 甲戌
夫妻宮 地劫 天府 紫微 戊寅	子女宮 天機 丁丑	財帛宮 破軍 丙子	疾厄宮 太陽化祿 乙亥

現因布蘭森的維京集團旗下有超過三百五十個大小公司，他每天在世界各地視察他的公司，並時時在想增強和改善公司服務的細節。布蘭森其實對自己的企業十分瞭解，他形容維京集團『是一隻跟在大企業屁股後面撿東西吃的小狗』！要與那些財大氣粗而有惰性的品牌來競爭，要讓顧客很容易在我們這裡消費，同時又感到物超所值。這就是他清楚定位自己公司的規模與顧客層次，而做的機動化競爭而成功的原因了！

5 老虎・伍茲的命格

老虎・伍茲(Tiger Woods)的名字，又翻譯成泰格・伍茲。因為Tiger就是『老虎』的意思，中國人都喜歡這麼稱呼他。

老虎・伍茲是一九七五年生於美國加州、在洛杉磯長大的人，大家最津津樂道的是他多國混雜的血統，和娶了來自瑞典比基尼泳裝模特兒的妻子，以及長年贏得高爾夫球冠軍所得之高額獎金。

伍茲的父親是美國越戰老兵，母親是泰國移居到美國的移民，因此伍茲的臉龐會顯露出亞洲人特有的緬靦笑容，也顯露出南亞人特殊黝黑的皮膚。

伍茲的血液中包含了中國、印地安人、非裔美人、泰國、荷蘭等種族的血統。這也是命格使然的現象。

伍茲是天梁化權坐命丑宮的人，對宮(遷移宮)有天機化祿居陷相照。天梁是顆蔭星，也是顆『復建』之星，會出現及生存在一種受過創傷或沒落的家族與家庭之中。當這個人出生以後又慢慢的帶給這個家族或家庭希望，把家庭中失落、或失敗的部份修復起來。天梁坐命的人也有很多會血統大混合，像前總統李登輝先生也是天梁化祿坐命午宮的人，坊間媒體曾傳說他是日本人的兒子，過繼給現在的父親。從他對日本的熱愛與仰望，又急切的嚮往到靖國神社參拜一事來說，真彷彿孺慕祖國日本了。目前在台灣，天梁坐命的人最容易出現在台籍、客家籍父母的家庭，或台籍、外省籍父母所組的家庭。如果是在外國，就當然是多國所組成的聯合國家庭了。這是天梁坐命者的命格特性。

一方面伍茲父親是越戰回來的老兵，母親是泰國移民，剛結婚時，經濟狀況一定很差。據記載伍茲在兩歲時就開始接觸高爾夫球，三歲時就在電視節目上演出球技。五歲時已出現在有名的高爾夫球雜誌上。看起來伍茲好像極為天才，實際上伍茲的父母有揠苗助長之勢。這也是父母極力培植伍茲，希望他能改善家庭經濟的原因之一吧！

在伍茲的命格中也有『陽梁昌祿格』和『武貪格』，但『陽梁昌祿格』有太陰化忌、鈴星在三合宮位上出現，所以他在正式學歷上沒辦法去發展，反而在運動項目找到出路。

伍茲是兔年生的人，在八歲逢『天梁化權運』時，獲得九至十歲少年組世界冠軍。接著他拿下六次少年組世界冠軍。一九八八到一九九一年又連續奪得四年冠軍。一九八八年(戊辰年)是『武貪格』暴發運的年份。獎金會比較多。一九九一年、一九九二年、一九九三年，伍茲拿下美國高爾夫球少年組業餘冠軍。後來他又拿下美國成人組業餘冠軍。在一九九六年(丙子年)八月，伍茲進入職業賽的境界。所得的獎金更多了，這是開始發奮的第一步！

伍茲在許多場致勝的球賽中，大多在第三個回合之後才去徹底領先對手。這是他的策略。因為天梁化權坐命的人是非常有謀略的。另一方面，天梁坐命的人也是屬於『機月同梁』格一族的人，現在伍茲已把去參加比賽當做天天去上班的職業，而拿到獎金就像領薪水一樣了。

伍茲在二〇〇六年八月，在PGA的錦標賽中，以四輪總成績低於標準桿十八桿的二七〇桿成績，輕鬆的摘下第十二座大滿貫冠軍。二〇〇六年這場冠軍賽中，他贏得了一百二十二萬四千元美金，折合台幣約四千萬元。歷屆的高球錦標賽的獎金都很高。在二〇〇七年BMW的PGA錦標賽的總獎金更高達四百三十五萬元歐元，大約為五百七十一萬元美金。其冠軍獨得七十二點五萬歐元，合九十五・一萬元美金。

伍茲在二〇〇六年狗年走的是『武貪格』暴發運，因此能得到這麼高的獎金。同年，伍茲以三千九百萬元美金在佛羅里達州的火星島置產，和許多名人為鄰，如另一位高球好手蓋瑞・普雷爾，及歌手席琳狄翁等等。

伍茲現年三十三歲，大運在『巨門、文昌運』，還在『陽梁昌祿格』上，正好運。三十六至四十五歲會走『武貪格』的大運，會更發富。一直要到四十六歲以後會漸退出高球職業賽。

老虎・伍茲命格

官祿宮 太陽 辛巳	僕役宮 破軍 壬午	遷移宮 天機化祿 66－75 癸未	疾厄宮 紫科化科 天府 火星 56－65 甲申
田宅宮 武曲 擎羊 庚辰	1975年12月30日 火六局		財帛宮 太陰化忌 鈴星 46－55 乙酉
福德宮 天同 祿存 文曲 己卯	乙卯 戊子 庚戌 丁亥		子女宮 貪狼 36－45 丙戌
父母宮 七殺 陀羅 戊寅	命宮 天梁化權 6－15 己丑	兄弟宮 廉貞 天相 16－25 戊子	夫妻宮 巨門 文昌 26－35 <身> 丁亥

6 旅美投手王健民的命格

王健民是一九八〇年(庚申年)出生的人，庚年有武曲化權，而武曲化權在他的財帛宮出現，自然能以專業的能力來賺取豐厚的薪金了。

王健民小的時候在讀國小期間對讀書的興趣不大，在棒球校隊甄選時而自願加入，成為投手。他小時候很瘦，父母曾一度反對他打棒球，害怕他太過疲勞，但在他堅持下仍能繼續打球。在台灣南部的國小裡，能參與棒球隊是件很神氣的事啊！

王健民是『紫府、祿存』坐命申宮的人，因此他從小會瘦，長大以後好很多。紫府坐命的人，小時家境大多不好，命宮有祿存的人，也容易成為養子。但以後會有發展。他們會一直很拼命的改善家中經濟狀況。紫府坐命的人很重視現實經濟問題。因此從小就很能體諒父母的辛苦，能省吃儉用。在大多數紫府坐命的命格中都沒有『陽梁昌祿格』，因此紫府的人不愛唸書，喜歡賺錢，存錢。一點一點的存。所幸他還有『武貪格』暴發運格，每逢龍年、狗年就會暴發。而且暴發格中又有武曲化權，暴發的財富會更可觀。

王健民的身宮落在福德宮，又有貪狼居廟在宮中。身宮落在福德宮的意思是其人愛享福，如果有懶福星天同這顆星在內，就會懶而不想做事。但王健民的福德宮進入的是代表貪心和好運星的貪狼星，因此王健民會更對自己要求高，要投球技術更高超，也要求自己能賺更多的錢，儲蓄更多的財富。這就是他一生的人生價值和志業。

王健民的幼年到十一歲之前走『紫府、祿存大運』，家中不富裕，但在奠定基礎上努力。王健民的僕役宮(朋友宮)是天梁居旺，表示年紀大的朋友都對他很照顧。但父母宮不佳，因此長輩型的教練之流的人會有時對他嚴格，有時亦師亦友。在十一歲時，成為第九屆世界軟式少棒錦標賽之中華代表隊成員之一。王健民在十二歲至二十一歲之間的大運不太好，在十七歲那年，得知自己是養子而情緒失常。不過，因為本身球技已有一定水準，仍入選在加拿大舉行的『IBA世界青棒賽』代表隊。一九九八年(戊寅年)，王健民進入台北體育學院就讀，並得到名教練高英傑的指導，使球技更加提升。戊寅年流年運是七殺運，因此會忙碌又有好成果。

一九九九年(己卯年)『IBA世界青棒賽』在台灣舉行，很多外國球探都到台灣來。王健民在『梅花旗大學棒球賽』的預賽裡遭遇強敵，使用指叉球而得勝。二〇〇〇年(庚辰年)，是王健民生命中最關鍵的一年。此年正是『武貪格』上的武曲化權運，自然戰鬥力和財富都會得以展現和獲得。此年，王健民在『大揚盃』五國五強春季聯賽中投出一五一公里的球速，受到中外球隊的注意。在五月六日，王健民與紐約洋基隊簽約，以二百零一萬美金的簽約金，再以交換學生的身份前往美國小聯盟系統，為邁進大聯盟而效力。

二〇〇一年至二〇〇四年間有多次受傷開刀，也多次接受徵召，如在南韓釜山亞運，幫中華隊打進金牌賽，又在日本札幌亞洲棒球錦標賽等等。

二〇〇五年(乙酉年)王健民登上大聯盟，首次對抗多倫多的藍鳥隊，成為台灣登上美國職棒大聯盟的第三位選手。這一年運氣不太好，走『太陰化忌、擎羊運』，吃下敗投，這是個競爭激烈須小心有傷災的年份。

一般人在走這個『太陰化忌、擎羊運』時，會失戀，或感情受到創傷，家庭失和，和女性有衝突爭執，女人就要小心婦女病、癌症、或開刀，失去子宮。男人遇此運也要小心開刀及生殖系統受傷。

因為王健民在二〇〇五年是二十五歲，大運正在『武貪格』的運程上，因此流年雖不佳，但大運好，因此問題不大。當年還接受行政院體育會頒發的『年度最佳男運動員獎』的精英獎。

在二〇〇六年是王健民豐收的一年，因此年大運、流年都逢在暴發格上，又走貪狼運、好運特強。此年得了許多獎狀，如精英獎、總統表揚狀，美國大聯盟球迷票選為『年度最佳先發投手』，教育部頒發的『一等級教育文化獎章』。二〇〇六年也締造大聯盟亞洲籍投手單季最多勝投記錄。二〇〇六年年底，擔任第十六屆州際盃代言人。二〇〇七年入選時代雜誌當年最具影響力的百大人物之一。

王健民今年二十七歲，大運仍在暴發格上，到三十一歲止，王健民還有四年的暴發運時間，因此他仍可再創造自己球技上的高峰，與簽約金的高峰。

從王健民的八字看來，財官兼備。生在庚年，更是主大富貴的關鑑。在命格中一生運氣都很好。性格上知進退，又有些保守。知道積極進取，目前在美國生活，英文已能運用自如，未來是不可限量的。

王健民命格

子女宮 太陽化祿 左輔 鈴星 辛巳	夫妻宮 破軍 地劫 壬午	兄弟宮 天機 陀羅 癸未	命宮 紫微 天府 祿存 2－11 甲申
財帛宮 武曲化權 天空 庚辰	1980年3月31日 水二局		父母宮 太陰化忌 擎羊 天姚 12－21 乙酉
疾厄宮 天同化科 文昌 72－81 己卯	庚申 己卯 癸未 己未		福德宮 貪狼 <身> 22－31 丙戌
遷移宮 七殺 62－71 戊寅	僕役宮 天梁 52－61 己丑	官祿宮 廉貞 天相 42－51 戊子	田宅宮 巨門 32－41 丁亥

7 平成怪物─松阪大輔的命格

在日本，從一九九八年開始，人氣最旺，風靡日本，被譽為『二十世紀最後怪物』的松阪大輔，他和王健民是同年出生的人，但比王健民小半歲。

松阪大輔出生時有四千三百一〇公克，是個巨嬰。據說他母親是在懷孕期看甲子園棒球賽轉播，是一位知名投手荒木大輔的球迷，因此決定將自己的孩子命名『大輔』。當時並無人知曉這位『大輔』的日後成就遠遠超過『前輩大輔』。

松阪大輔是『武曲化權』坐命戌宮的人。因為命宮主星是帶化權的關係，因此他出生以後，一定會有一項讓人驚異的狀況。

例如嬰兒體型大、吃的多，聲音宏亮。很少哭，但哭起來很嚇人，聲音很大。本身是財星坐命的人，肯定會給父母帶財來，因此家中會一帆風順，雖然他吃得多，仍能源源不斷的供給。

大輔五歲時和弟弟一起去學劍道。小學三年級時，聽到別人談論少棒隊的事情，就非常嚮往，而向父親請求要參加棒球隊。於是加入軟式少棒的『東陽鳳凰隊』。在大輔的命格中原本也有『陽梁昌祿格』，但在此格局中之三合宮位上又出現陀羅及太陰化忌，因此大輔就不會往讀書方面發展。

大輔是武曲化權坐命的人，原本武曲是財星，亦代表軍警界、商界，有化權時，善於爭戰。因此其人必會選擇一門可類似爭戰的、有強烈競爭性的工作、遊戲、事業，才會讓他覺得人生有價值，值得去努力。

其人的身宮落在夫妻宮，表示其人很注重感情之事，但表達及衡量感情的方式，又是以一種剛直、保守、乾脆、敢愛敢恨，不拖泥帶水的方式去愛、去感受的。因此，這很適合做一位超級巨星的運動員。但在某些感情生活上卻嫌不夠細膩，因此做他的妻子、情人、子女、家人就要多擔待了。因為他已帶給了他們極大的榮耀和生活的富足，其他的東西就沒辦法再給了。

因為有松阪與木村勇夫的關係，『東陽鳳凰隊』是個強隊，一直保持江東區預選三年連續優勝。松阪在小六時有七成的打擊率。在一九九五年(己亥年)，松阪國三，加入『江戶川南 Little Senior』，並在春季關東大會準決勝賽中與『中本牧 Senior』對決。因第七局失誤而失敗。不過該年，松阪仍獲選為日本代表隊，去參加在巴西的『95年巴西建國紀念棒球大會』，得到最佳防禦率投手獎。

松阪在中學時代只輸過三場比賽，其中有兩場就輸給『中本牧』。『中本牧 Senior』中主要的強勢隊員就是小山良男、常盤良太、小池正晃。日後這些人也和松阪一起在甲子園球賽相遇，甚至會到美國大聯盟的職棒賽中相遇，或成為隊友。

高中時代，松阪選責了橫濱高中，就和小山、常盤、小池成為同學與隊友了。在一九九七年『夏季甲子園神奈川縣大會』準決賽中，松阪的橫濱高中與橫濱商校對決，十分緊張，九局下形成平手，面臨一出局，一、三壘有人，九棒上場。松阪決定用pitch out(吊球)，但沒想到捕手小山沒接住，而形成暴投，而輸了這場球。松阪則走進休息室默默流淚。但是從這場比賽後，松阪所領導的橫濱高中便從未在正式比賽中輸過任何一場球了。日本的棒球投手在進入職業賽後，多半壓力大、不能適應，而成績不佳。**在日本職棒征戰八年的松阪大輔，決定要轉戰美國職棒大聯盟**，引起大聯盟中許多球隊注意。其中最有興趣的是紐約洋基隊(王健民所在的球隊)，但松阪委託老東家西武隊幫忙競標，結果在二〇〇六年，紅襪隊以五千兩百萬美金和松阪簽下六年合約，並要付給他的老東家西武球隊五千一百萬美元的議約金(又稱轉職金)。創下日本競標制度下最高記錄。松阪大輔的身價遠超過前輩鈴木一朗。二千年時，鈴木是以一千三百一十二萬美金轉隊大聯盟的，但松阪大輔可說足足比前輩多出了三倍之多，成為轉隊交涉競標中最貴的球員了。

二〇〇六年(丙戌年)，松阪大輔正逢最強的『武貪格』暴發運，而且正走流年運程是武曲化權，故而以超出一般很多的，創天價的機運來創造自己的財富。現今松阪大輔也同樣是二十七歲，身價超過一百二十億日元。可稱為百億巨投。

松阪大輔是因為有老東家西武球隊有很專業的經理人會幫他炒作、操作競標，而有此高價。相對的西武球隊也本身要收很多

$1元起家 能買空賣空的命格

好處。王健民的球速也能達一百五十公里左右，但沒有專業厲害的經紀人來幫忙炒作、競標，因此在簽約金上很吃虧。

以松阪大輔的命格來看：武曲化權坐命，天生就會掌握擁有財富，而其人的遷移宮是貪狼居廟，表示周圍環境中機會很多、人緣好。也天生有好運常侍左右。他的財帛宮是廉相，官祿宮是紫府，表示不必太用腦筋就可賺到錢了。事業上財富很豐厚，地位、名聲也很高。松阪又因為父母宮是『太陽居陷化祿、文昌、左輔』的關係，表示有父母或長輩默默的、很安靜的，又十分精明的幫忙計算錢財，或幫忙增富，所以大輔能找到很厲害的經紀人，和紅襪隊議價競標到如此高的金額。

松阪大輔的朋友宮(僕役宮)並不好，是『太陰化忌居陷、文曲、右弼』。是和女性朋友關係尤其差，所幸已結婚。此年要小心和女性朋友有是非，否則會有緋聞，或失財的危險。這種朋友宮代表的是他周圍的朋友都是窮朋友，或工作有問題，愛講話，會製造是非的朋友。他和平輩朋友間也是感情古怪有問題的。但是我們在媒體上常看到媒體幫他宣傳他多愛交朋友，並且因為常在賽場上相見的敵隊『中本牧 Senior』的隊員小山、常盤等人要唸橫濱高中，他和他們相處融洽，而『相約一起到橫濱高中，以甲子園為目標而努力』。其實大輔本命武曲化權坐命是個善於爭鬥、好鬥的人，也必須有好的等級的對手來一起競爭，自己也才能更向上跨一步。因此，他刻意的與人結好，是小心翼翼的培養競爭對手，再慢慢一個一個收服他們、領導他們。

命宮有化權的人脾氣都不太好，松阪大輔也不例外，應該脾氣很壞，雖然是因球技高超，勝投和三振的機率很高、力道強而被稱做『怪物』。但被久稱『怪物』的人，其脾氣也會有不受控制的一天。

松阪大輔未來還有很多次龍年和狗年要暴發的運氣。但亦要小心三十五歲至四十四歲走『天機落陷、火星』大運時，就會走到人生的低落處。以松阪大輔和王健民的命格、命運來比較，雖然王健民一下子沒松阪好運得到如此鉅大的錢財，但薪水還會慢慢漲上去。而松阪大輔一生暴起暴落的狀況會很明顯，很可能最快的，在三十五歲以後就會出現不順了。而且要找長輩級的人幫忙存錢，否則財來財去也很快的。

松阪大輔 命格

疾厄宮 巨門 75 — 84 辛巳	財帛宮 廉貞 天相 壬午	子女宮 天梁 陀羅 癸未	夫妻宮 七殺 祿存 甲申
遷移宮 貪狼 65 — 74 庚辰	1980年9月13日 土五局		父母宮 天同化科 擎羊 乙酉
僕役宮 太陰化忌 文曲 右弼 55 — 64 己卯	庚申 乙酉 己丑 乙亥		命宮 武曲化權 5 — 14 丙戌
官祿宮 紫微 天府 45 — 54 戊寅	兄弟宮 天機 火星 35 — 44 己丑	福德宮 破軍 天空 25 — 34 戊子	田宅宮 太陽化祿 文昌 左輔 15 — 24 丁亥

8 大導演—黑澤明用電影檢視人生

大導演黑澤明是一九一〇年(庚戌年)出生的人。以前他曾寫過一本類似自傳的書《蛤蟆的油》，來回憶他四十歲以前的壯美人生。這本書內容是起自於一九一一年到一九五〇年間，近四十年的人生寫照與感想。由這本自傳中的內容，我們可很輕易的把他的心境和經歷和他的命格做一確實的對照。

這本自傳是黑澤明在六十八歲時所寫的，為年輕時的自傳體的回憶文章。

黑澤明先生本命格是太陰化忌坐命亥宮的人，(這和台灣的馬英九先生有些類似)。遷移宮有『天機居平、火星』相照命宮。其人財帛宮有『陀羅、鈴星、天空』。官祿宮是『太陽化祿、天梁、地劫』。這表示他幼年會動作慢、思想慢，或幼年注意力不集中，反應慢，需要慢慢地成長。他在嬰兒時期很可能是早產兒提前出生的。在他的自傳書中也提到他幼年愛哭，有弱智現象。

黑澤明在書中提到：有一回看一部描寫弱智兒童的影片《被遺忘的孩子們》，其中有一個孩子被單獨安排坐在一旁，讓他突然想吐、噁心，後來又一再想起，忽然領悟明白過來，原來影片中的小孩就是他自己，他在一旁看著自己的幼小影象，份外覺得可憐。太陰坐命的人情感細密黏膩，小時候都很愛哭，動不動就哭。太陰化忌坐命的人，原本就是感情上有不順利，無法排解的困難，小時候，太敏感，內心有不滿意的地方又不敢說出來，或不會開口，因此常以哭泣做為發洩或手段來引人注意。

所幸黑澤明命宮的太陰化忌是在亥宮，是五行屬水的宮位，為化忌不忌，仍有生命的『財』。但在感情上仍纖細、過於敏感。終其一生都有內在的煩惱、感情的煩惱。情緒多變、起伏很大，類似有些感情的折磨中渡過。但這也造就了他豐富創作的藝術人生。

黑澤明在家排行老么，上有哥哥、姐姐七人。長兄為了鍛鍊他，使他改掉懦弱、懵懂、幼稚的毛病，每天在上學時會罵他、教訓他。要讓幼小的他學游泳，就把他扔到水中，差點淹死。十三歲時發生了關東大地震。災後哥哥帶他去觀看災難景象，看到遍地堆滿屍體，讓他嚇的腿發軟，但哥哥仍不放鬆，抓著他的衣領，讓他要好好看看。其實是要他看看生命的脆弱。當他們看到一具坐著被燒死的屍體時，哥哥說：『死得莊嚴哪！』哥哥感嘆了生命在臨死前堅持的可貴！這些都讓小小的黑澤明印象深刻地印入腦海之中了，日後也克服了對死亡或懦弱的恐懼。後來這個脾氣倔強的長兄卻自殺了，也終於按照哥哥常提到的：『在三十歲之前死掉了』。由這件事看起來黑澤明先生的家族史上很可能多少都有點憂鬱症(包括黑澤明小時愛哭等等)。

黑澤明的兄弟宮還不錯，是『廉貞、天府』入宮，表示兄弟姐妹間還和樂、相互有情，兄弟姐妹中大多是有交際手腕的人。兄弟姐妹也常在一起相聚快活。因此長兄的自殺過逝，可能只是長兄個人的憂鬱症導致的，其性格也是過於剛強，內心對災難有所感受震驚，才帶幼小的弟弟黑澤明去看死亡的陰影。兄長的死亡對日後的黑澤明影響很大。

黑澤明從小喜歡繪畫和寫作，十六歲時作文入選，十八歲時畫作『靜物』入選。十九歲時參加美術家同盟，又有水彩畫和油畫展出。二十歲得到免除兵役的通知。在一九三六年(丙子年)二十六歲時**走貪狼運**，進入P・C・L映畫製作所工作擔任助導(副導演)，後來輾轉有機會正式成為導演執導電影。一九四一年十二月八日，日本攻擊珍珠港，一九四二年美國對日本戰爭全面爆發。但在一九四二年(壬午年)，黑澤明三十二歲那年，很多本劇本腳本都得獎。這一年走紫微運的流年運程，如劇本『雪』和『靜』得到情報局的獎賞。同年也得到第一部執導的作品『姿三四郎』的拍攝機會。

一九四三年(癸未年)走『陀羅、鈴星、天空』流年運。這一年『姿三四郎』在三月公開放映，六月又有劇本『敵中橫斷三百里』在『映畫評論』上登載。但運氣不佳，反映並不大。數年間黑澤明一直靠寫劇本維生。在一九四五年(乙酉年)，『姿三四郎』的續集公開放映了，此年和加藤喜代結婚。此年走『擎羊運』，運氣更不佳了。八月，美國在長崎投下原子彈，戰爭終了。此年三十五歲。

戰後，日本生活非常困苦，但黑澤明仍不斷創作劇本給別的導演拍，自己也仍有電影發表，幾乎每年一部電影作品發表，有些現已不為人知了。**到了一九五〇年(庚寅年)**，在他四十歲時，他拍了『羅生門』公開放映。這一年他走『武曲化權、天相』的流年運。大運也正在此運上。歷經辛苦曲折的生活，終於有了名震海外的作品。一九五一年(辛卯年)時，走『太陽化祿、天梁運』，『羅生門』得到威尼斯金獅獎，後又得到奧斯卡最佳外語片獎，聲明大噪，並引起國際上對日本電影的注視。

在一九五四年(甲午年)逢紫微運，他四十四歲時『七武士』得到銀獅獎，『生之欲』得到銀熊獎。

在黑澤明六十歲以前，幾乎每年都有一部影片問市，公開上演。其中『七武士』、『用心棒』、『天國與地獄』、『紅鬍子』都是非常膾炙人口的佳片。

一九七一年(辛亥年)，黑澤明六十一歲，因影片賣座不佳，一時想不開自殺未遂。這一年走『太陰化忌運』，因此有感情上的激動，過不去。一九七五年(乙卯年)，又逢『陽梁運』，黑澤明所拍攝的『德絲烏札拉』一片獲得奧斯卡最佳外語片。

黑澤明在七十歲時拍攝『影武者』，得到一九八〇年(壬申年)坎城影展金棕櫚獎。在七十五歲，一九八五年(乙丑年)，他所拍攝的『亂』上映，並得到法國給予的藝術最高位階的動章。日本也授與文化動章。黑澤明到了八十三歲，一九九三年還在拍片，拍了『一代鮮師』。這時候他已是到處受人景仰、愛載的大師，日本各地紛紛為他做回顧展及送給他榮譽市民的禮遇。黑澤明於一九九八年九月去逝。享年八十八足歲，他也享受到了生前成名的幸福感。

在黑澤明的命格中，是由子午卯酉這一組四方宮位形成『陽梁昌祿格』。但他的文昌是居陷的，又有擎羊相照，因此黑澤明所寫的劇本應該是時好時壞的。運氣好的時候所寫的劇本和所拍攝的影片比較會受人讚賞。運氣不佳的時候，尤其是羊年、雞年所創作的影片和劇本都不太受歡迎。他成名、受獎的年份也多半在虎年、兔年、和馬年這三個年份。這是因為在『陽梁昌祿格』上及武曲化權和紫微的年份上使然的。

黑澤明從他第一部電影『姿三四郎』開始就在塑造英雄形象，把對英雄的渴望和期待放在亂世中的人道主義之中。他更常將武士精神貴族化，常訴說少數人才擁有的勇氣和力量。常在戰亂饑荒的年代，透過人性自私、貪婪與不信任，用無情無義的方式來遮掩自己的軟弱。

黑澤明常常將人放到最底層、最黑暗、最孤寂、無助的境地，或是面對死亡的時刻，從而使人產生一種自覺，在人性的掙扎中找出生命的意義。這就像他本人一樣，心情常落入黑暗的谷底，又常從懦弱扭曲中找到英雄的形象。這種種的感覺，他都用影像表現在他的影片之中，留給別人去追尋。

黑澤明的命理結構屬於『機月同梁格』的架構，必須為人服務、拿薪水才能平順。在黑澤明的本命中財不夠多，八字中，財在年柱上，他的財帛宮又是『陀羅、鈴星、天空』，很多人定要問這代表什麼？這代表錢老是進不來，偶爾一進財，等很久進了一點小財，很快便不見了，還要還前面的債而沒錢了。因此，黑澤明一生最討厭講錢的事，他只喜歡拍電影、寫劇本的工作。為什麼寫那麼多劇本？是因為想賺錢吃飯的結果！因為拍電影要籌措大資金，並不是那麼快能開拍。**黑澤明是十項全能的天才，**除了自己掌導演一職，還親自任編劇、監制、剪接，是全面電影製作的作者。因為他想對其作品有完整的控制權，使其品質和效果，能達到他自己的個人風格。**黑澤明的電影手法靈活是其成功的主**

要關鍵，至今仍被許多外國電影模仿，像拍星際大戰的喬治・盧卡斯和美國電影大師約翰・福特，就曾說受其影響很深。因為黑澤明在電影手法上融合了西方特色，因此較易受西方觀眾接受喜愛。不但把東方的人道精神、文化成功的傳播到西方去，也創造了日本電影非常大的產值、財富。

黑澤明因為時代及本命的關係，而白手起家，踏入電影圈，他也堅持了他一生愛好的電影作為他的終身職業。因為官祿宮是太陽化祿、天梁的關係，一生始終有男性貴人、比他年長的貴人在幫助他有工作做。但在他老年時，這些年長的工作夥伴相繼去世，因此他工作上也更加困難。但一直到他去世時，手上還有一部片在拍，也可說是在熱愛的工作上，是十分幸福的人了！

黑澤明 命盤

<table>
<tr>
<td>遷移宮
天機 火星 左輔
65－74 辛巳</td>
<td>疾厄宮
紫微 文昌
75－84 壬午</td>
<td>財帛宮
陀羅 鈴星 天空
85－94 〈身〉 癸未</td>
<td>子女宮
破軍 祿存 文曲
甲申</td>
</tr>
<tr>
<td>僕役宮
七殺
55－64 庚辰</td>
<td colspan="2" rowspan="2">土五局
1910年3月23日
甲辰 丁亥 己卯 庚戌</td>
<td>夫妻宮
擎羊 右弼
54－63 乙酉</td>
</tr>
<tr>
<td>官祿宮
太陽化祿 天梁 地劫
45－54 己卯</td>
<td>兄弟宮
廉貞 天府
丙戌</td>
</tr>
<tr>
<td>田宅宮
武曲化權 天相
35－44 戊寅</td>
<td>福德宮
天同化科 巨門
25－34 己丑</td>
<td>父母宮
貪狼
15－24 戊子</td>
<td>命　宮
太陰化忌
5－14 丁亥</td>
</tr>
</table>

9 性格演員三船敏郎

三船敏郎(TOSHIRO MIFUNE)生於一九二〇年四月一日。其人並不高，身高只有一七二公分，體重七十三公斤。他的一生也經歷很多，也算是一位具有戲劇化人生的人。

三船敏郎生於中國的山東青島。父親是貿易商，也做照片業。他是長子。在五歲時，全家搬到大連，父親開照相館。他在大連讀中學，三船敏郎二十歲時被徵兵，進入滿州陸軍第七航空隊。因為有洗相片的經驗知識，就被派去做航空照相。後日本軍隊失勢，而被調回日本。一九四五年，調任到熊本縣的特別攻擊隊基地，並在當地等待戰爭結束。

一九四六年是關鍵的一年，他到東京的東寶攝影所拜訪前輩大山年治，去應徵攝影助手的工作。當時他提出履歷表，而東寶舉辦第一期新人演員招生，三船敏郎因為有『某些差錯』(陰錯陽差)而被採用到演員部份去了。之後舉行面試，由於導演山本嘉次郎對其很有興趣，將他錄取為候補演員。此年是狗年，因三船敏郎正逢『武貪格』暴發運之年，而有此錄取的好運。

一九四七年(丁亥年)，三船敏郎仍等待攝影助理的職缺。但是導演谷口千吉則說服他加入電影『銀嶺之果』的演出。這個電影是黑澤明寫的劇本，由谷口千吉導演，成為三船敏郎的處女作，但當時他還不是主角。這一年走『太陽化祿、文昌』運，正在『陽梁昌祿格』上。

◎$1元起家、能買空賣空的命格

三船敏郎是貪狼坐命辰宮的人，本命是好運星坐命，自然一生運氣比別人強。其遷移宮是武曲化權，表示周圍環境就是主掌錢多、會發富、或是喜好爭鬥、戰鬥的環境。因此他不是去從軍職、從政，就是會走向賺錢、趨富的道路。在戰爭時軍職他已經當過了。戰後日本經濟蕭條，自然他想賺錢生活了。從他的八字中亦可看到財多的現象，因此會意外的走向演員之路。

在一九四八年(戊子年)二十八歲時，三船敏郎與黑澤明合作『酩酊天使』而成為主角。電影十分成功，三船的名氣漸大。

一九五〇年走紫府運和東寶同期女演員吉峰幸子結婚。

並在三十一歲，一九五一年(辛卯年)時，拍攝黑澤明執導的『羅生門』榮獲威尼斯金獅獎，成為國際知名演員。第二年龍年又主演『馬喰一代』，又得到藍絲帶最佳男主角。此年正逢『武貪格』運程中的貪狼運，因此會暴發。

三船敏郎三十四歲拍『七武士』。三十五歲拍『宮本武藏』，得到美國奧斯卡金像獎最佳外語電影獎。三十九歲又以『無法松的一生』得到威尼斯大獎。四十歲時，他親自出席了威尼斯國際電影展的開幕典禮。一九六一年，四十一歲參加墨西哥電影演出『有價值的男人』。**一九六二年(壬寅年)四十三歲，**走紫府運，設立『三船製作公司』。此年並因『用心捧』一片贏得藍絲帶最佳男主角。

一九六三年三船敏郎第一次和寶塚電影共同製作影片『五十萬人的遺產』。一九六四年(甲辰年)與黑澤明合作的『天堂與地獄』上映，『紅鬍子』又再度得到威尼斯影展最佳男主角獎。之後，三船製作的電影、電視很多，他不但也參加電視的演出，也常參加外國片的演出。一九七五年(乙卯年)參加美國片『中途島』演出山本五十六。並在一九八一年(辛酉年)六十一歲時，建立『三船藝術學院』培養演員。

一九八三年(癸亥年)美國芝加哥舉辦『三船敏郎日』。第二年紐約也舉辦。一九八六年(丙寅年)，三船敏郎榮獲紫色緞帶獎章，並獲得美國加州大學LA校頒發的名譽學位。一九八九年(己巳年)法國政府也頒給他藝術文藝獎章。三船敏郎已實至名歸了。在他老的時候，常得到頒獎。一九九七年(丁丑年)走天機陷落、火星運，七十七歲，因內臟衰竭而病逝。

三船敏郎一生很愛享受，有國際大明星的架勢。是個老煙槍，喜穿名牌西裝，開名車。在那麼早期的時代，他的西裝就是Burberry 的了。車子開過勞斯萊斯，也擁有過汽艇。一生最喜愛中國菜，也精於騎馬、射擊、劍術、愛好酒類。他的這些愛好都和本命是貪狼坐命的人有關，喜歡酒色財氣的東西。貪狼坐命的人，桃花特多，是個大桃花星，故能受到大眾喜愛、歷久不衰。

$1元起家 能買空賣空的命格

在三船敏郎的命格中有『陽梁昌祿格』和『武貪格』兩種格局，但也是『陽梁昌祿格』的三合宮位中有陀羅和太陰化忌，因此本身不會從唸書來增高學歷，又因為『武貪格』中有武曲化權很強的關係，走向以演員賺錢的行業。每逢龍年、狗年暴發運爆發時而有出名的狀況。自然也帶來錢財上的發富了。

三船敏郎的身宮落在夫妻宮，這是『殺破狼』命格中極少見的狀況。『殺破狼』命格的人的身宮多半落在財、官、遷、福這四宮，很少會落在夫妻宮的，因此重感情，好談戀愛。夫妻宮又是紫府，必會娶好命又財多會理財的女人為妻。

演員、歌星是用先天的天賦找飯吃，是最容易白手起家的人。但本身需要具備觀眾緣、桃花緣份，才能吸引觀眾和聽眾，因此其人在命格上更要具備時間性的特性，時辰生得好才會有桃花，也才會有財富。三船敏郎是貪狼坐命的人，桃花多，利於其演藝事業，但貪狼坐命的人手頭寬，花錢如流水，雖能賺錢，存不多。因遷移宮為武曲化權的關係，他會走到那裡，便帶財到那裡。因為他的周圍環境就是聚財的，和錢財有關的，要掌握錢財和環境，他才會在那裡生存，因此會一直工作，一直有錢，但耗費也大。最後還是命格中的『陽梁昌祿格』讓他有名聲、地位、支撐了整個的生命價值和精神，留給後人瞻仰回顧。

$1元起家
能買空賣空的命格

三船敏船命盤

父母宮 巨門 14 — 23 辛巳	福德宮 廉貞 天相 24 — 33 壬午	田宅宮 天梁 陀羅 44 — 43 癸未	官祿宮 七殺 祿存 44 — 53 甲申
命宮 貪狼 4 — 13 庚辰	金四局	1920年4月1日	僕役宮 天同化科 擎羊 鈴星 54 — 63 乙酉
兄弟宮 太陰化忌 文曲 己卯	庚申 己卯	己丑 乙亥	遷移宮 武曲化權 64 — 73 丙戌
夫妻宮 紫微 天府 <身> 戊寅	子女宮 天機 火星 己丑	財帛宮 破軍 戊子	疾厄宮 太陽化祿 文昌 74 — 83 丁亥

10 台灣首富郭台銘

大家都對台灣首富郭台銘的命格有興趣，想知道他是怎麼能那麼有錢的。前些時候這位首富又爆發了緋聞及和記者打官司的消息。接著外遇事件又曝光了。起先大家對郭董的首富崇拜現象，似乎又被他拋到水裡，很多郭迷不知所措的問：到底那個才是郭台銘的真正樣子呢？

雖然最近他為流浪犬的問題供獻了一點心力，但是台灣的老百姓或全世界華人界要用是非黑白二分法，或用好人、壞人的二分法來分析郭台銘先生，那就很難分了，因為事情會複雜的多。現在姑且分析其命格中白手起家的著力點，中間我也會讓大家瞭解，發生這許多八卦新聞愛寫的事件，其實就是他本命中的問題。每個人的命格中都會有些是非、刑剋，也會有財祿、官煞，官煞是工作、事業、及付出心血的勞力。

郭台銘先生是『廉貞、天相、擎羊、文昌陷落、火星』坐命午宮的人。日主是丙寅日。其身宮落在財帛宮，有『紫微、天府、右弼化科、鈴星』入宮，很愛賺錢，很小氣，凡事會處處都將之價格數字化標出，其實我們看他的文昌在命宮午宮是陷落的，其人又無『陽梁昌祿格』，又有火星在命宮，其實其人是性格急躁、計算能力不好的，但是他會找別人或會計去精確算出來，而自己不去做那麼辛苦的事。

郭台銘先生的官祿宮是武曲居廟，夫妻宮有貪狼化祿、陀羅。夫、官二宮形成『武貪格』暴發運，因此每逢辰年、戌年便暴發財富。

郭董在一九七四年走紫府運時，以母親標會的十萬元來成立鴻海塑膠公司，起先做黑白電視的旋紐起家，慢慢轉型做個人電腦連接器，**在一九八二年**(壬戌年)改名『鴻海精密工業有限公司』。此時已有一千六百萬資本額了，此年逢狗年有暴發運，應該是得到外援有資本加入。更在一九八五年(乙丑年)三十七歲時，成立美國分公司。在二〇〇〇年又逢龍年暴發運時，鴻海的市值已突破新台幣一千億了。在二〇〇五年，鴻海以積極併購別的公司來擴張版圖，其集團總市值已突破一兆億。

郭台銘是『廉相羊』坐命的人，在命格上為『刑囚夾印』格，實際上會受欺負，會懦弱的命格。但在一般媒體上表現出來的郭台銘卻是極強勢，動不動要告人的強烈手段。因為他的遷移宮是『破軍、左輔』，周圍的環境是有人幫著亂，亂了又要打拼，而且破軍也代表言行大膽開放，不按牌理出牌，環境中容易出現言行不佳的破人，當一個人生活在如此環境時，也會變得跟環境中的人一樣了。很凶悍，對別人不太客氣或無理的詰問、會用『以彼之矛攻彼之盾』的方式來個回馬槍。這一方面也是用凶悍來當保護色，『刑囚夾印』也是打官司。在有錢之後，他不再害怕打官司，而且可聘最好的律師來打官司。但命格中有此劫關仍是麻煩，沒過多久就有麻煩事上身要打官司了。

『廉相羊』命格本來是『妻管嚴』的狀況，但為何還會有外遇事件呢？因為在其八字上有辰酉相合化金的狀況，八字中有辰酉，為咸池桃花，其人必好色，有緋聞，也容易有消渴症。辰酉相合化金，又是財局，其實這種緋聞不一定全是耗財，也可能會更進財，使財富更增多的。『廉相羊』坐命的人非常有計謀的，因此當你看見首富又挽著某明星、或又在愛情慢跑時，要想到他很可能又在佈局某些新行業了呢！

命格是『廉相羊、文昌居陷、火星』的人，其實是本命刑福色彩極濃的人，每日辛勞，工作十五小時以上，生活品質不佳，並且小氣，沒時間吃飯，他的『廉相羊』在午宮，尤其在中午時常忙碌而無法吃午飯，會隨便充饑一下，或很晚才吃飯。其人一切都是為了賺錢，工作是為了賺錢，吃飯也為了賺錢，穿衣也為了賺錢。他一生很少穿名牌，前些時候買了亞曼尼的西裝，還到處宣揚一下。他是不會為不值得的東西多花一毛錢的。

郭台銘管理公司的手法很像行軍作戰，實際上併購公司也是一種嗜血的行業，這和巴菲特、索羅斯、川普他們所做的行業一樣。巴菲特很仁慈的會留下併購公司的原班人馬，用懷柔政策將之馴化，並為之訂定目標(其目標都有一些公式可計算)，繼續為他賺錢。

鴻海現以『購併來代替研發』，因為研發太慢。耗時、耗錢，購併公司較快。郭台銘在企業中設立『技委會』，將員工依專業領域與工作屬性分類，再分屬不同的『技委會』。當併購新的公司集團，就有新人加入『技委會』之中，再透過技委會去操作整合。技委會像個別動部隊一樣，可隨時照任務需要而派遣調動人員，甚至跨單位的調動去達成任務。這又像軍情局一樣，很厲害！

郭台銘一方面用高薪、用銀彈攻勢，一方面用軍隊、情報局這一套體制來控制鴻海公司，表面看起來郭台銘好像找到了賺錢方法，不斷地擴張，使營收增高。不斷地靠併購、砸錢買訂單、買人才、買技術，這樣好像沒什麼不對。但這可能只是時代趨勢，時代趨勢是會變的，鴻海集團目前為八個事業體，想在未來三年再各自收購六家公司，因此至少還會有四十八個新隊伍加入了。這像一個混血家族，當混血太多太混亂時，也未必能保證未

◎$1元起家、能買空賣空的命格

來最大的品牌就是人才了。而且如此的併購好像滾雪球一樣。鴻海用併購公司股權，再重新整合上市到市場上去，再去吸金，因此能滾更多的錢。但有朝一日，全球再現股災時，才能遏止這種嗜血的併購，使一切恢復正常。我們當然很樂於見到台灣首富這麼會賺錢，好像也捐了很多錢給窮人，但是，所有的經濟活動其實都是財富的重新分配。如果有一天鴻海的併購崩盤了，所造成的危機會更大，這可能不是台灣一個地方的災害，而是全球性的災害了。

郭台銘命盤

<table>
<tr><td>兄弟宮
巨門 祿存
丁巳</td><td>命宮
廉貞 天相 擎羊 文昌 火星
6 — 15 戊午</td><td>父母宮
天梁 天空
16 — 25 己未</td><td>福德宮
七殺 文曲
26 — 35 庚申</td></tr>
<tr><td>夫妻宮
貪狼化祿 陀羅
1 丙辰</td><td colspan="2" rowspan="2">1948年10月8日
火六局</td><td>田宅宮
天同
36 — 45 辛酉</td></tr>
<tr><td>子女宮
太陰化權 地劫
乙卯</td><td>官祿宮
武曲
46 — 55 壬戌</td></tr>
<tr><td>財帛宮
紫微 天府 右弼化科 鈴星
<身> 甲寅</td><td>疾厄宮
天機化忌
77 — 86 乙丑</td><td>遷移宮
破軍 左輔
66 — 76 甲子</td><td>僕役宮
太陽
56 — 65 癸亥</td></tr>
</table>

$1元起家 能買空賣空的命格

第四章 『$1元起家』的人大多有暴發運和賭博性格

$1元起家的人（白手起家的人）而成功的人，差不多都有暴發運，這是根據我長期研究成功名人的命盤而發現的。

有暴發運的人，有預知成功的能力

命格具有暴發運的人，在其人生經驗上，會有很多異於常人的人生經驗。例如幼年在那一年有特別好運的事，讓他知道在某些特定的時間到了時，便會有好運發生。就像比爾・蓋茲在高中

$1元起家 能買空賣空的命格

時便能預測自己將會在25歲時成為億萬富翁，並將此項訊息告知了自己要好的同學。當然很多人一定會說：『這沒什麼稀奇的！我自己也在很小的時候預言過自己會成為大富豪！』可是有沒有成功呢？要真的成功了，你才能公開這句話呀！

而且比爾．蓋茲從13**歲起就研究電腦，**在為他未來的事業奠定基礎了。現在的小孩13歲時還在為就學、考試、甄試而辛苦唸書吧！

英國維京集團（Virgin）的總裁布蘭森，也是極富傳奇色彩的明星級的億萬富翁。在十九歲時，仍住在倫敦的一個窮困、又是氾濫著毒品的社區時，他就預知自己將來會成功、會發富，因此預先替自己未來的航空公司取了獨特的名字，就是『維京』（Virgin），為『處女』之意。

有暴發運的人有急躁、衝動、大性格

有暴發運的人，幾乎全都是具有躁鬱性質的人。因為暴發運格中之『火貪格』、『鈴貪格』，直接具有火爆性質。而具有『武貪格』的人，也好不到那裡去。貪狼本身就是好動，迅速的動才會找到好機會。武曲又加重了頑固、強制執行，以及自信堅定、重承諾、規矩、一板一眼、自己給自己定下的目標，會自己堅定的達成，也對自己守承諾。因此有『武貪格』的人，勢必也具有急性子和堅強的意志力。

◎$1元起家、能買空賣空的命格

我們看美國房地產鉅子唐納・川普（Donald・J・Trump），在幼年時就是好動兒，根本無法靜下來讀書，又自信很強，父母只好在他十三歲那年送他唸軍校（紐約軍事學校），想藉由軍校規律嚴格的教育訓練，使他能上進。果然十八歲畢業時，以優異的成績畢業，後又進入賓州大學華頓商學院就讀，也奠定了他日後在商場上不按牌理出牌、有狂妄的強勢決策性格。

這時他就正常多了，找到了可努力方向（賺錢發富）的出口。

另一位有點像瘋子維京集團老闆理查・布蘭森（Richard・Brausch）非常喜歡冒險，他說：『每回冒險都是無法預知後果的一，步有點像失去童貞。』他常喜歡用：『每回冒險，都像再次失去童貞。』這樣的描述來形容他的人生和事業狀況。

維京集團的老闆不僅自己點子多、好變化。他常習慣於在自己的分支機構的場所走動。經常在維京旗下的飛機、火車、唱片行、健身俱樂部、夜總會等場所，不預先知會的出現，經常詢問員工改善業務的建議，他都會隨時改善。

在一九八七年的時候，一位瑞典籍的氣球迷成為首次乘坐熱球飛越大西洋的人。更從此維京航空也被醞釀成立。

布蘭森老闆身邊的人，常常會被太多的主意嚇壞。一九八四年，維京唱片才從破產邊緣喘一口氣，有一位美國年輕律師打電話建議布蘭森開航空公司。在二月份中的某一天，他給多年合作的老友西蒙打電話，非常得意的問他：『你認為開一家航空公司怎樣？』西蒙氣唬唬的說：『你不如從我的屍體上跨過去算了！』可在一九九八年（十四年後），維京航空真的拿到英國飛上海的唯一許可。

我們都從這些生意人身上看到能衝、能創新、大膽及急躁、快速的行動力。這也是個性使然吧！使他們不得不往前衝而停不下來！

有暴發運的人絕對有賭博性格

白手起家源自命格中有暴發運。其人也就會對脫離不了賭博性格，像前面所說的川普有賭博性格，野心勃勃，投資手筆一次比一次大。例如在一九七四年，把宣告破產位於紐約曼哈頓區『賓夕法尼亞中央鐵路公司』地產買下（後建立市立會議中心）。在一九七五年又以一千萬美元買下紐約中央火車站附近的破舊旅館，後改建為『凱悦大飯店』，接著又以二億美元在曼哈頓區興建六十八層樓高的川普綜合商業大廈。有了這些資產的豎立，滾滾而來的鈔票，使其更狂妄的想征服更有挑戰性的高峰。

維京集團的老闆布蘭森也是一樣，他的每次冒險，其實都和

◎$1元起家、能買空賣空的命格

賭博性格有關，從十七歲開始用四英磅創辦的『學生』雜誌及創立低價郵購音樂帶。開立音樂帶的連鎖店！隨後，與幾位大牌明星、歌星簽約，邁出成功的第一步成為英國娛樂界的重要品牌之一。厲害的是在一九八四年邁入門檻特高的航空業，成立『維京航空公司』，並與『英國航空』打了一場轟轟烈烈的官司，贏得保有了大西洋兩岸的飛行及營運權，現在維京集團旗下產業有近三百五十家大小公司，包含了可樂、唱片、航空、電信、大賣場、婚紗、電影院、賭場、零售、娛樂、傳媒、飲食、化妝、健身、金融服務等等項目。

難道理查・布蘭森每一行都精通？

而且時時這麼好運嗎？

好運是不錯的啦！但其賭博的性格、也是意志力的推升會在其人生命運中佔有重要地位。

在商業活動的冒險之外，**布蘭森一生做過許多驚人的冒險活動**，例如一九八六年，理查駕駛一艘一般名叫『維京航空挑戰者二號的汽船』飛越大西洋，創造了紀錄。一九九〇年時他帶人用維京航空波音七四七飛機飛往巴格達，解救英國人質。一九九八年，乘坐熱氣球環繞地球一周。二〇〇四年駕駛水陸兩棲車橫渡英吉利海峽。他用許多賭博式的行為來冒險及找人生的樂趣！

殺、破、狼

法雲居士⊙著

每一個人的命盤中都有七殺、破軍、貪狼三顆星，
在每一個人的命盤格中也都有『殺、破、狼』格局，
『殺、破、狼』是人生打拚奮鬥的力量，
同時也是人生運氣循環起伏的一種規律性
的波動。
在你命格中『殺、破、狼』格局的好壞，
會決定你人生的成就，也會決定你人生的
順利度。

這是一套九本書的套書，其餘是『權科祿

法雲居士利用紫微命理的方式向你解釋為什麼有些人會在移民或向外投資上發展成功，為什麼某些人會失敗、困頓，怎麼樣才能找對自己的正確方向，使你在移民、對外投資上，才不會去走冤枉路、花冤枉錢。

第五章　能『買空賣空』的命格
有那些特點

從命理學的觀點來看任何事，都是會特屬於該事的特定的時間、空間才會發生的，不會毫無原由的隨便發生。這就是事情的脈絡蛛絲馬跡了。當然！任何命格的人的產生，出現也會因時間及空間（環境）的因素才會產生了。

$1元起家 能買空賣空的命格

講到能『買空賣空』的命格，這裡不得不提到『卡神』楊蕙如小姐的命格與事件，這樣大家才會真正的瞭解到具備『買空賣空』的命格，也不是那麼容易的一件事，也必須『時間、空間』完全能掌握，才能真的以此方法成功。

可能有些人並不是真瞭解『卡神事件』的操作手法，因此我在這裡略述其事件的起因。楊小姐號召親戚、朋友、姑姑等集資（用信用卡）一起購買東森電視購物台的禮券，買的多就會有折扣，例如八折等等，她買了六百萬元禮券，據說她在電視台用信用卡購物有集點，可能換國外機票、也可分批在網路通路上販賣，以此方法一下子賺了一百二十萬元淨利，非常開心，就公佈了自己聰明的方法。但卻招致信用卡公司的強烈反應，將其家人的所有信用卡停用。後來因輿論壓力大，以及她不停上電視接受採訪而致信用卡公司讓步，與之協商而解決此事。

倘若你也想複製一下這種以信用卡來賺錢的模式，大概就不會有楊蕙如小姐的好運了！一面是信用卡公司已加強了防堵措施，再方面是你也不會有她的頭腦。就算是你有她的頭腦，你也沒有能把信用卡放在你處，任你刷得爽的家人，以及會挺你，挺到真相信你是天下第一聰明蛋的家人。

楊小姐的命格是破軍坐命的人，對宮遷移宮是紫相，代表她周圍的人都過得還不錯，是中等家庭中還舒適順利的人。大家（親戚、朋友、家人）也會尊重她、幫助她，替她做事。她也喜歡幫朋友、親戚做一些管理錢財，或吃喝玩樂享受之事。最好的是她的父母宮是天同化權居廟，和陀羅同宮，表示父母很溫和世故，也很有童心，很願意瞭解小孩的想法，只要是小孩想要的，想做的事，父母也都會答應。因此可見其父母好得沒話說，有陀羅，還有一點笨，會一切聽她的。兄弟宮是空宮，有天機化忌、巨門相照，兄弟姐妹古怪，頭腦不清，有一些爭執、吵吵鬧鬧會很熱鬧。

楊小姐本身是破軍坐命的人，凡事敢拼、很大膽，她最愛說從小到大，最喜歡參加比賽無數，常得一些獎品回來，讓父母很高興。她也曾到澳洲唸書，但並未拿到文憑回來。破軍坐命的人本身就是耗財很凶的人，因『破軍』就是『破耗』的意思，其人要打拚，必先破耗後，再賺取其利益，現今已美其名曰『投資』了。

像楊小姐能做此種『買空賣空』的行當，能有這種思想及觀念，其實也沒什麼不好的！但會具有這種想法的人，其人命格中必有『天空、地劫』這兩顆星會在命格中主導其人的思想與命運。

現在讓我們來看看『天空、地劫』這兩顆星在她命格中的什麼宮位出現。原來，地劫在夫妻宮與廉貞同宮，天空在官祿與貪狼同宮。

會看一點命理的人都知道，天空、地劫這兩顆星，一是空，一是劫，表示會虛空或被劫走的意思。但如果在表示智慧聰明的宮位，如：命宮、夫妻宮、官祿宮、福德宮等出現，就會有特殊的聰明，其人想法會和別人不一樣，或用跳躍的思考方式，或把事件倒著來想，有特獨的古怪。

在命格中有天空、地劫時，地劫比天空更聰明，幻想力更豐富，源源不斷。這是一個鼓勵發想、創造的時代，所以天空、地劫這兩顆坐在人命就更形重要了！

夫妻宮是代表感情的宮位，也會展現感情模式，有地劫星入宮時，特別聰明，愛多想，比較具有哲學性、可做詩人，或數學家，或哲學家。同時也會對某些事物有宗教性的情懷。但唯獨對談感情、談愛情是不利的。因為常常戀愛談了一半，也許剛認識還未進入情況，就會有別的事或別的人打岔，而愛情被劫走了，常常此人也會做事做一半，又想到別的事很好玩、有意思而轉移目標了。所以做事易半途而廢。

楊小姐的夫妻宮是『廉貞、地劫』。廉貞是計劃與企劃之星，廉貞也是『囚星』，也有其凶悍、冷靜，冷感的一面，有地劫同宮時，會往與眾不同的方面與別人不一樣的操作方式來企劃及計劃。目前，剛好她也是走到這個『廉貞、地劫』的大運，才會出這個風頭，想到這個怪招來賺錢。如果走到下一個大運，她也不會如此了。

◎$1元起家、能買空賣空的命格

她的官祿宮是『貪狼化祿、天空』，也是聰明、喜歡賺與運氣有關的錢，做事做不久，也會因聰明而失去真正的好運、錢財，或不想賺而使好運逢空。貪狼是好運星帶化祿，有財運，不可遇天空、地劫，否則為『運空』或『劫運』格式，在法雲居士所著《對你有影響的殺、破、狼》一書中有解說。

楊小姐在電視上也教大家，先找到買家，再進貨轉手來賺錢。當然這是非常占便宜的事。但是這種似中間仲介之事，因無本錢的問題，隨時可抽身，因此都是投機生意，做幾把，就會結束了。沒聽到有何人會將其做終身職業的，或做成大企業的。

另外，楊小姐在與信用卡公司的糾紛能順利解決，其實也要歸功於命格中的特質。例如楊小姐是一九七八年（民國六十七年次）戊午年生的人，有太陰化權。能與銀行交往得利。（在流年、流月、流日上很好用。）她的太陰化權與太陽一起在田宅宮，表示可在家中主導財務管錢（父母錢都會給她管），也會買房地產，但因此太陰化權在未宮，因此較弱，是有時愛管，有時不愛管的狀況。

同時田宅宮中還有一顆擎羊星同宮，亦表示錢財留存不住，財庫有破洞，儘管楊小姐有多聰明會賺錢，但財來財去是肯定的，而且永遠只是小康之家的境遇，運氣好時錢財、房地產多一些，運氣差時也會失去房地產，並且要小心身體上子宮的問題，

◎$1元起家、能買空賣空的命格

而且很容易不婚．

通常命格中夫、官二宮，在寅、申宮有天空、地劫相照的格式，我都會勸其人要早點結婚，要把注意力放在自己的婚姻上，否則其人一生只會用好玩的心態，東玩玩，西玩玩，常變換工作，而一生沒有結果。因為內心空虛、沒有目標，事業也無成就和結果。結了婚之後，有家庭和小孩的牽絆，比較有責任感和人生努力的目標，也會有配偶一起商量人生中的大事。

楊蕙如 命盤

父母宮 天同化權 陀羅 16－25 乙巳	福德宮 武曲 天府 祿存 26－35 丙午	田宅宮 太陽 太陰化祿 擎羊 鈴星 36－45 丁未	官祿宮 貪狼 地劫 46－55 戊申
命宮 破軍 6－15 甲辰	1978年1月15日 火六局		僕役宮 天機化科 巨門化忌 56－65 己酉
兄弟宮 癸卯			遷移宮 紫微 天相 66－75 庚戌
夫妻宮 廉貞 天空 壬寅	子女宮 文昌 文曲 癸丑	財帛宮 七殺 火星 壬子	疾厄宮 天梁 76－85 辛亥

第六章　那些命格的人想『買空賣空』？

前面說到：命格中，尤其『夫、官』二宮有『天空、地劫』的人喜歡『買空賣空』。那到底『天空、地劫』在『命、遷』二宮（命宮、遷移宮）或在『財、福』二宮（財帛宮、福德宮）會不會『買空賣空』呢？

那到底命格中還帶有那些星曜組合的，會喜歡做『買空賣空』之事呢？現在慢慢說給你聽！

◎第六章　那些命格的人想『買空賣空』？

$1元起家 能買空賣空的命格

其實，只要是命盤上，有『命、財、官、夫、遷、福』等宮會出現有擎羊、陀羅、火星、鈴星、化忌、天空、地劫等星的人，都想、都愛做『買空賣空』的事情！只是有些人做得到，有些不一定做得到罷了！只是有些人會成功，而有些人做了卻不成功罷了！

在命理上，『命、財、官』是人命格上的中樞神經，管人的思想與行動力，而『夫、遷、福』等宮是人命的旁支神經，會輔助中樞神經去感覺事物，繼而做出有利的判斷出來！

凡是當羊、陀、火、鈴、化忌、劫空出現在『命、財、官』或『夫、遷、福』等宮時，在命理上都是一種『刑剋』，而在

『命、財、宮』的刑剋或在『夫、遷、福』的刑剋是不一樣的。

『羊、陀、火、鈴、化忌、劫空（地劫、天空）』是六刑星。羊、陀是一組，火、鈴是一組，化忌有十干化忌是一組，劫空是『天空、地劫』也是一組的星曜。

擎羊在『命、財、官』時，『買空賣空』，但心有餘而力不足

擎羊在『命、財、官』的刑剋，其人會自私自利，要求別人很嚴，對自己寬待，**當擎羊在命宮時**，夫妻宮必有陀羅，表示內心很計較、自私，但在感情和EQ上卻是很笨的！會讓自己很辛苦的、不快樂的，這是自刑。當命宮有擎羊時會愛競爭，性格凶悍，隨時處在備戰狀態，因此人緣不太好，一生也過得不輕鬆。

命宮有擎羊時，希望好運及好處都永遠停留在自己這邊，而且表現明顯，有好處都霸著不放，會製造糾紛，自然他們是喜歡『買空賣空』的人，希望不花一分力氣或代價就擁有大利益，而實際上，因為他們常愛競爭的結果，在工作能力上會斷斷續續，運氣沒那麼好！縱然有『買空賣空』的行為和機會也容易滑鐵盧，因為別人並不十分信任他們的緣故。

當財帛宮有擎羊及官祿宮有擎羊，都是工作上、賺錢上會不長久，會斷斷續續，給人不信任感，也容易時常換行業，給人的印象落差很大。因此當他在做『買空賣空』的交易時，自然會露餡，讓人知道其人非專業，也無信任感，自然會功敗垂成。

陀羅在『命、財、官』不容易做成『買空賣空』的行當

陀羅在『命、財、官』的刑剋，也會使人自私自利，一廂情願的只要求好事在自己一方。辛苦的、無太大利益的事，最好別沾惹他。當命宮有陀羅時，其人福德宮會有擎羊。表示其人很笨的用腦袋在想一些無用的、不適合投機取巧的事，而且出了蹩腳還悶在心裡不肯說出來，自苦很深。這同時，其人先天的福氣是受到刑剋的，也表示是無福，會操勞而無結果的！

當財帛宮有陀羅，其人的夫妻宮會有擎羊。**當官祿宮有陀羅**，其人的遷移宮會有擎羊，這就是說：**當財帛宮有陀羅**，指賺錢很笨的時候，完全是內心和情緒上受到刑剋，有些錢你不愛

賺，因此會賺錢少。

當官祿宮有陀羅時，當工作能力很笨時，其實是周遭環境上受到刑剋，環境不好，常讓你不舒服，不想待下去，所以會轉行或變換工作，使工作斷斷續續，而讓人失去信任感，別人未必會讓你『買空賣空』。

由此可見，當羊、陀有一個在『命、財、官』時，『夫、遷、福』就會有另一個羊、陀。這表示，只要有羊、陀出現在這兩組中的任何一組宮位時，實際上，另一組宮位也同時受到刑剋。並且在你的八字中也會留下刑剋記號。而且，不管是那裡笨？你的思想模式與一般人都會有些差異，尤其是你認為好的東西，別人並不認同，你想一廂情願的用『買空賣空』的方式來得到自己的利益，就因為太從自己及自私的角度來想了，所以功敗垂成。

命宮有火、鈴，『買空賣空』靠機會

當命宮有火星、鈴星的人，是性子急、腦子靈活動得快的人，做事情不耐久。常常有一個好點子便立即實行，拿去賣了，只顧自己一時，不太管別人需不需要？接不接受？如果別人說要考慮，他就立刻生氣轉向到下一個人做目標去了。如果賣了兩三次賣不掉，這個『買空賣空』的想法，也就是說『買空賣空』不成功，他便像洩了氣的皮球一般，無精打采了。

命宮有火星、鈴星的人，火、鈴居旺的人，會有古怪的聰明，能突發奇想，有好的創新構想，再加上快速的行動力，以及特別時間點上的好運，就以『買空賣空』的好點子創造意想不到的成功機會。這是因為火星、鈴星是時系星，以某個時辰為單位，而具有『暴發運』的結果。過了那個時辰就不一定會發了。火、鈴在『命、財、官、遷』等宮，單星獨坐居旺時，都是會有這種效果存在的。

但火、鈴居陷時（如在申、子、辰宮），**以及和其他星同宮時，**則都是刑剋，就會空有『買空賣空』的想法，自做聰明，很不實際，凡事虎頭蛇尾、草率行事，也容易一事無成了。

火、鈴如果和貪狼同宮，或在對宮相照，這是『火貪格』和

『鈴貪格』的暴發格。此種格局無論『命、財、官』及『夫、遷、福』等宮出現，或在命盤中任何相照的宮位出現，其人皆有暴發運的旺運。在該暴發運的時間中，就可輕而易舉的『買空賣空』了，而且會有突發的成功現象。

財帛宮有火、鈴星獨坐居旺廟；如在巳、酉、丑宮者，常有偏財運。也易好賭，喜做『買空賣空』的行當，人生易起伏不定。**財帛宮單星獨坐之火、鈴居平陷時**，常不進財，常窮困。有財進也易耗財、失財。

凡財帛宮有火、鈴星和其他星同宮時，皆主耗財無益。並且會有突如其來的事情失財、耗財。並且自己的工作會易中斷，或工作時有時無，因此，你會在窮的時候很想以『買空賣空』的方賺錢。但不容易成功。你也會在錢稍多一點時又亂投資，而損失錢財。

官祿宮有火、鈴單星獨坐居旺廟時，做軍警職有突發的機會，但做不長，也會因公殉職。如果做文職則好賭，工作不長久。你會特別聰明古怪、鬼靈精，做『買空賣空』的行業輕而易舉．但是有一票沒一票的做著。如果官祿宮獨坐的火、鈴居平陷時，其人工作會斷斷續續，一輩子一事無成。其人天生財少也刑剋妻室。

官祿宮有火、鈴和其他的星曜同宮時，也都是刑剋，表示其人的智慧古怪、做事不實在，會用投機取巧的方式工作或讀書學習，自然，『買空賣空』的手段是他們經常會使用的技倆，不過，有時會成功，有時不成功。他們會在工作事業上、走遠路繞圈子，而無法有成就。如**果官祿宮或『夫、官』二宮形成『火貪格』或『鈴貪格』的話**，就可能在某個特定的年份，流月中『買空賣空』而成功，這是由於暴發運的爆發結果，但成功時間不長，人生的起落分明。而且每個人的暴發運（偏財運）不一樣，有時事業是成功了，或賺了大錢，但婚姻及家庭都毀了。或是暴發時全家幸福，但很快就到了暴落的時間，而妻離子散。

『命、財、官』有化忌的人，在『買空賣空』時會連帶是非、災禍、糾紛一起

當人之命宮、財帛宮或官祿宮有化忌的人，也很喜歡做『買空賣空』的勾當。因為這些人都是頭腦不清楚的人，看到別人能以『買空賣空』來賺錢時，便想自己為什麼不趕快試一試？為什麼便宜的事、聰明的事都讓別人做了去呢？一定要快點找機會做一下。但是他沒想到要做『買空賣空』的情是要看時機與賣對東西，搞對對象的。人、地、物、時等的問題，每一個環節不能少，也不能差一點。『命、財、官』有羊、陀、火、鈴、化忌、劫空的人是很愛說謊的人。而以『命、財、官』有化忌星和陀羅的人，說謊最容易被折穿，有時是起先還能瞞，但到最後而露餡，

功虧一潰而有是非糾紛，吃上官司或遭受報復而有災禍、血光等災。

『命、財、官』有陀羅星的人，是太笨了，謊言被拆穿。『命、財、官』有化忌星的人，是畫蛇添足，自以為用了心機，但糾葛太多而謊言易被拆穿。

『夫、遷、福』有化忌，『買空賣空』不成又有災禍

『夫、遷、福』有化忌星的人，也同樣是想『買空賣空』而不成功，又會遭到是非災禍的人。

夫妻宮有化忌的人，是內在心裡不平靜、愛多想，在內心是

$1元起家 能買空賣空的命格

非糾纏非常多的人，有時看到別人做『買空賣空』的事情，也會想躍躍欲試。但他們是EQ不佳、人緣關係不好，又不太瞭解人情世故，及不瞭解別人想法的人。因此在做『買空賣空』的事情時，多半會踢到鐵板、敗興而歸。

遷移宮有化忌的人，是周遭環境就多是非糾紛，自己本身也和周遭的人一樣是頭惱不清的人，常被牽連至一個是非混亂而爬不出的境地。這人只要發出想要『買空賣空』的訊息，便會招惹出一堆人來糾纏他或騙他，因此事情很難成功，好像怨親債主太多了。

福德宮有化忌星的人，是天生無福，而思想混適，會糊塗過一生的人。雖然他們一直想和好命人一樣能做『買空賣空』的事，但頭腦不清楚，思慮不夠周全，本身天生就笨，會意想天開，容易有精神疾病，說話就會不正常，別人還怎麼以正常心來接受你的『買空賣空』呢？

『命、財、官』有天空、地劫的人，特別喜歡『買空賣空』，但要碰運氣才會成功

首先要說的是：天空、地劫是『時』系星，故要在特定時系上會發生作用。**當『命、財、官』中有兩個宮位中有天空、地劫時**，也是說在此三合宮位中有**『命、財』或『財、官』或『命、官』等宮在丑、酉或卯、未等三合宮上有天空、地劫在其中兩個宮位時**（寅、辰、申、戌時出生的人），表示你會有天馬行空，超

$1元起家
能買空賣空的命格

◎$1元起家、能買空賣空的命格

出比常人好的想像力，其中也包含了不切實際的想法，因此你一定會喜歡做『買空賣空』的事情與行業，但常常一腳踩空，不知莫名的跌了一跤。你常常覺得別人都很笨，做事沒方法，你的思想快捷，有跳躍式的想法，常想到開始，想到結果，但中間的過程都沒考慮到。也不覺得過程很重要。因此在做事時，常是『知易行難』的，問題很多，令你扼腕。同時你聰明智慧的思想結晶也常胎死腹中而無無實現。

別人看你的眼光，常覺得你很好玩，但腦子少根筋。因此當你想從事『買空賣空』的事情時，要碰對時機。不過時機不太多，很可能只有萬分之一的機會吧！

當『命、夫』、『命、福』、『夫、遷』、『夫、財』、『財、遷』、『官、遷』、『官、福』等宮在『辰、午』或『戌、子』等宮有天空、地劫時常是丑、巳、未、亥時生的人)。

這表示其人天生天真，考慮沒很多，喜歡做簡單的事，想簡單的東西，偶而也會想一些天馬行空，或有很好 Ideal 的東西，但常常會傻呼呼的，心眼不多。但如果抓到一、兩個重點來行使『買空賣空』的事情，再碰上機緣巧合，也會有一段時間的成功。

當『命、遷』二宮在寅、申宮有天空、地劫相對照時，會凡事皆想做『買空賣空』的行當，但常看不清環境中之險惡、空茫、不瞭解敵情，或根本對該行業不熟悉，便跳下去瞎忙一番，因此『買空賣空』的事情常滑鐵盧了。其人一生也常在幻想中渡過，做事做不長久，會斷斷續續常改行。

當財、福二宮在寅、申宮有天空、地劫相對照時，其人的財運也常在空茫時刻，其人常有空想，最喜歡『買空賣空』，但別人都看透他的想法，因此不會落入他的計謀之中，另一方面他的想法也和常人不一樣，雖然也常有一些令人拍案叫絕好構想，但要靠『買空賣空』來得財還是很難的一件事情。因此其人會常在窮困之中，最好做固定的上班族，把好的聰明的構想，交給公司或上司去執行較易成功。

當夫、官二宮在寅、申宮有天空、地劫相對照時，就純粹是內心想的是『買空賣空』的行當，而工作也是做與此有關的工作了。例如卡神楊蕙如是一樣的狀況了。但是這也要看大運的好壞，例如楊蕙如目前正走在還賺錢多的大運裡，自然做『買空賣空』的事業沒有問題，而且做得很開心，聽說最近又替某位球員做經紀人，將他推銷到美國大聯盟去，看起來『買空賣空』的本領不小。但是再過幾年，走到大運欠佳時，便沒有那麼多人能信賴他的能力了。

『命、財、官』、『夫、遷、福』有空劫雙星一起同宮

當命宮在巳宮或亥宮有天空、地劫雙星一起同宮時，你是一位理想高，無法隨波逐流的人。因此你常對周遭的人和事看不

慣。也常覺得周遭的事是不值得浪費你的時間與精力去努力打拚及忙碌的。你性格清高，不為五斗米折腰、怕是非、麻煩，因此只要太麻煩的事情，你都不想做，太麻煩的人你也不想碰。所以事情做不長、工作不長久，稍不如意便放棄不做了。或是別人不能讓你完成你的理想，你也不想再在那個公司待下去了。基本上你太好高鶩遠，會做一些空玄的事和主意，會讓周遭的人嚇一跳。你一生都是以『買空賣空』的想法在做事及思想的。但你在『買空賣空』之前會耗掉一筆大財，會讓你的家人或上司、老闆心痛。但你很容易就不見了、失蹤了。給人很不負責任的感覺。

當財帛宮在巳、亥宮有天空、地劫一起同宮時，表示你是一個優雅閒人，根本管不到錢，也不會為錢財煩惱了。你手上根本沒錢，也不會花錢和付錢。你周圍環境中一定有人在幫你付錢，因此你很好命。

當官祿宮在巳宮或亥宮有天空、地劫雙星一起同宮時，表示你一生大部份時間不必工作，工作也不會找上你。你有特殊的聰明，數理方面特別好，也對哲學方面的學問有興趣，你一生工作時間很短，為人清高最適合做『買空賣空』的行業及慈善事業最好！

當夫妻宮在巳宮或亥宮有天空、地劫雙星一起同宮時，表示你內在感情很空洞，或是為人清高，少涉及感情方面，因此結婚機會少，或不易結婚。同樣的，在工作和做人方面上，你也不瞭解人情世故和關鍵之所在，因此工作也易做做停停、做不長久。你會喜歡做『買空賣空』或簡單，少花腦筋的事，怕麻煩。一般測量起來你的智商頗高，但是未必有用途。『買空賣空』也未必會成功，常是不成功的。因為你並不瞭解別人的處事規則，和社會上面能達到成功的遊戲規則，因此常在失望中渡過人生。

當遷移宮在巳宮或亥宮有天空、地劫雙星一起同宮時

當遷移宮在巳宮或亥宮有天空、地劫雙星一起同宮時，代表你周遭的環境都空茫一片，你根本看不見自己周圍有什麼好機會、好事情。你也會少和人來往，自己孤寂過日子。你常會幻想，想要做一些不花力氣能『買空賣空』的事情來賺錢。但這只是空想而已，實際任何事都不會發生或出現。相對的，壞事、惡

事都常出現，有時你會煩惱，但煩惱一下下就很快的忘卻了。你的人生常在迷迷糊糊、空茫一片，或是白茫茫的大霧中渡過，你想『買空賣空』的幼稚思想也常消失在白茫茫的霧中而未真正去實行、去做。

當福德宮在巳、亥宮有天空、地劫一起同宮時

當福德宮在巳宮或亥宮有天空、地劫一起同宮時，表示你在精神上很空茫，在福氣上也很缺乏，容易有精神疾病或有意外之事而亡。通常你也少用腦筋，但偶而會想一些天馬行空的幻想之事，當然這也會包括了『買空賣空』的好事的幻想，但你天生運氣差一點，你想得到的東西不見得得到，你也並不在意。你是性格清高，也會不在意錢財。只有窮困時才想馬上『買空賣空』來

賺取錢用。但因為易和社會脫軌，或不瞭解人情世故之故，會常得不到你想要的東西。

由以上的分析，可見腦子想要『買空賣空』的人很多，但真正能做到實際交易的人卻很少。有時是時間上的巧合點做成了，但下次再運用原先的經驗再照做，又不成功了。這主要是能『買空賣空』的人，必須先具備好的神奇的構想，還要能洞悉來買者的心態，意念和能接受的程度。**因為能『買空賣空』是人類『鬥智』的一環，**雖然你賣東西時，先隱瞞了無本錢的事實，但你最終還是要提供真實的物品交易。要做到誠信的結果，這其中只是你借用了時間上的差異來挪用資金而已，這種聰明度的運用要時間掌握得好，才能成功。大多數的人只想到輕鬆佔便宜之好事，但未必能掌握時間上的利害關係，做事粗糙不夠細膩，就會功虧一潰而失敗。

◎第六章　那些命格的人想『買空賣空』？

紫微推銷術

本書為法雲居士因應工商業之需要，特將紫微命理中有關推廣商機的智慧掌握和時間吉凶上的智慧掌握以及結合人類個性上的變化，形成一種能掌握天時、地利、人和的特殊智慧。可使商機不斷，凡事可成。

目前工商企業界的人士，大多懂一些命理知識，也都瞭解時間吉凶上的把握，但是對於此種三合一的智慧中某些關鍵要點上仍然無法突破。

『紫微推銷術』就是這麼一本在什麼時間，在什麼地點，遇到什麼人，如何因應？如何使生意做成？如何展開成功的推銷商品？可使買方滿意，賣方歡喜的一種成功的致勝方法和秘訣。

第七章　史上最大買空賣空事件

歷史上有許多『買空賣空』的事件。並且『買空賣空』在每一朝代都屢見不鮮。每個朝代有每個朝代或時代的故事樣本。每件都不一樣。

呂不韋的『買空賣空』事件

戰國末年，呂不韋是衛國的一個年輕商人，行商來到趙國的都城邯鄲。為了想和當地的權貴結交，好擴大自己的生意，於是參加了許多拍賣會。當時邯鄲是個紙醉金迷、世風淫穢的地方。

$1元起家
能買空賣空的命格

◎$1元起家、能買空賣空的命格

當時有奴隸的拍賣會，也有寶物的拍賣會。

呂不韋先買下孤女蕓姜，隨後又在大型拍賣場上用令人震驚的天價買下了稀世珍寶—名為『皓鑭』的夜明珠。據說此顆夜明珠是周天子的鎮國之寶。

此舉使呂不韋一夜成名，許多王公、貴公子以及趙國丞相—平原君趙勝等趙國權貴，都紛紛與之結交，對他刮目相看。

其實呂不韋是個非常有計謀的生意人，但商人在當時的社會地位太低，是不容易為人瞧得起的。於是他設計了一件『買空賣空』交易，並藉此自抬身價。呂不韋先叫下人司馬空去找了一顆珠子，接著在市場上及坊間宣傳，有此『皓鑭』夜明珠的存在，並加上其神祕性與稀有性，稱其為『周天子的鎮國之寶』又再現於市面上。再和司馬空一搭一唱的在拍賣場上，再用重金買回。因此達到了他想攀權附貴的目的。而『皓鑭』夜明珠也沒落入外人手裡，這樣也不會被人發現有假了。呂不韋本身是個有暴發運的人，因此會有這些計謀來生財有道並擠進上流社會。

名畫家張大千的『買空賣空』事件

名國畫家張大千在年輕時做過一件『買空賣空』的事情，當時也許是一時貪心，但此事一生都在他的人生及名聲上留下汙點及悔恨。

◎$1元起家、能買空賣空的命格

張大千先生年輕時，已是能鑑定古畫真偽的名家了。

有一天，有一位朋友拿了一幅古畫請大千先生鑑定，如果是真的畫，他就要買了。這幅畫是宋朝的畫，正是大千先生最精深的拿手的鑑定項目。因此很用心的研究了這幅畫。

第二天朋友來探消息拿回畫作。大千先生告知：此畫是假畫。朋友深信不疑，便將畫退回原賣人。

但後來，大千先生找上這位賣畫人，並稱此畫已被斷定為偽品，不值那麼多錢了，便殺為極低的價格，將之買回。

隔了很多年，此事終於露白，被畫界知悉，因此造成大千先生名譽上的損失，並成為他心中永遠的痛。甚至在老年時間還常常懺悔不已！

大千先生是命格中具有『武曲化祿、貪狼化權、擎羊、左輔、右弼、地劫』在夫妻宮的人。這就表示其人會有暴發運，而且是經過細心籌謀，用各種不同的古怪聰明想法，而這些想法的模式是一般人根本沒法子瞭解的方式來暴發的。

大千先生一生錢財大進大出，被稱為『富可敵國，窮無立錐』，在藝術的境界裡他是富有的，但在現實環境中，他要養活龐大的家族，時時在欠債，因此讓他辛勞不已。又因為『夫、遷』

二宮有『天空、地劫』進入，是有機可趁的時機，自然會做『買空賣空』的事情了。但這也影響了其人的信用。以後大家也都瞭解他的奸詐，太好的古畫，就沒人敢拿給他看了。

比爾・蓋茲的『買空賣空』

在二十世紀電腦、電算機發展迅速之際，就有一樁『買空賣空』的案子，而且造就了世界首富比爾・蓋茲（Bill Gates）的數百億金元王國。

在一九八一年，IBM公司推出個人電腦之際，需要尋找一種合適於該產品電腦處理器的操作系統，於是找到了比爾・蓋茲的微軟公司。當時的微軟公司只是一間小公司，靠關係找到了一家西雅圖電腦公司，於是便把這家公司開發的操作系統之名稱（DOS）提供給IBM，隨後以五萬美元的價格向西雅圖電腦公司購買，再轉手賣給IBM公司，此時已更名為（PC—DOS）。微軟公司還繼續與其他生產電腦商談判，更將改裝及改名後的（MS—DOS）系統安裝到別的每一台新電腦上。事後西雅圖電腦公司曾控告微軟公司在未告知的狀況下，以極低的價格購買其公司產品，但雙方後來還是達成庭外和解。微軟公司又花了一點錢擺平此事。但微軟公司在操作此事件時，確實先採取買空賣空的手法。先用別人產品的名字報上，等到別人要買了，再去賣家談購買條件，再轉手獲取暴利。

我們看為何比爾・蓋茲會如此大膽呢？這就是在其人命格中

$1元起家
能買空賣空的命格

◎$1元起家、能買空賣空的命格

為『貪狼、擎羊、文昌、鈴星』在命宮，有暴發運，自然也有追求暴發的古怪聰明，命宮又有擎羊，做事有計謀、又計較、細膩、又狠，命宮有文昌居得地之位，能有高超的計算能力及精明幹練的聰明智慧，任何人都會敗在他的手下。因此『買空賣空』的第一名非他莫屬了。

第八章 『買空賣空』的人也易有暴發運和賭博性格

『買空賣空』而成功的人，其中有些人也容易有暴發運，例如前面所提到的比爾・蓋茲有『武貪格』暴發運，呂不韋有暴發運，張大千也有暴發運，又例如卡神楊蕙如也有暴發運。而且大多數的『買空賣空』的人，是因為暴發運的發作而去做『買空賣空』的行為。也就是說同在一個巧合點上了，則不得不做這個投機取巧的行動。

就拿比爾・蓋茲來說好了！也是因為ＩＢＭ公司一九八一年剛好在尋求新的軟體來配合它的電腦上市，找到了比爾蓋茲當時的小公司，而比爾・蓋茲一幫人覺得機不可失，有利可圖，因此才會將原先已知另一家小公司的軟體報出名字來充當自己的產品。當時他也是應付一下，也不知是否會成功，但是對方願意購買了，因此他不得不抓住此次『買空賣空』的好機會。

可見比爾・蓋茲以前的努力並無長遠及足夠的發展。但利用別人的好產品反而使自己一本萬利，成為世界的首富。其實這次的『買空賣空』在實際上也是賭一下的成份，沒想到就賭成功了。

在時間點上，事情成功之年剛好是狗年（壬戌年），對比爾・蓋茲來說，是正逢『辰戌武貪格』暴發運格上，走武曲運，在八字大運上正走癸運，又是『真神得用』之年，故會大發。

$1元起家 能買空賣空的命格

比爾・蓋茲 命格

父母宮 巨門 天空 地劫 辛巳	福德宮 廉貞 天相 壬午	田宅宮 天梁化權 癸未	官祿宮 七殺 天鉞 祿存 紅鸞 84－93 甲申
命宮 貪狼 擎羊 鈴星 文昌 4－13 庚辰	木三局	1955年10月28日	僕役宮 天同 天姚 74－83 乙酉
兄弟宮 太陰化忌 祿存 火星 14－23 己卯			遷移宮 武曲 文曲 64－73 丙戌
夫妻宮 紫微化科 天府 陀羅 右弼 24－33 戊寅	子女宮 天機化祿 34－43 己丑	財帛宮 破軍 左輔 44－53 戊子	疾厄宮 太陽 54－63 丁亥

第九章　結論——毅力與智慧能讓幸運之神眷顧你

在看了前面這麼多人的命格和事件，你會發覺：哇！人真的是跟著運氣在走的！運氣又是跟著感覺在走的！

每個人在人生中都有許多關鍵點。有的關鍵點是好的，有的關鍵點則是壞的。好的關鍵點會讓你發富、做事成功，帶來奠定人生名聲的地位的基石，繼而可以一步一步的往上爬，更上一層樓。壞的關鍵點是破產呀！離婚呀！事業失敗呀！失去工作、自殺窮困、傷病災、及失去家人、愛人等等屬於一切不好的事。

瞭解自己好的關鍵時間、運氣就會成功

在這些名人、事業成功的人的人生關鍵點時刻，都是運氣好的助益大過運氣衰的下沉狀況。另一方面也是因為性格的堅韌性的關係，能從敗部復活，接著又走回正常運作的道路。**就像黑澤明在豬年走太陰化忌運，**一時想不開想自殺，但三方四合宮位是陀羅、鈴星、天空，又有太陽化祿、天梁。如果三方是擎羊，說不定就會死了。但是陀羅，因此到閻王殿轉了一圈又回來了。大家才知道原來是電影賣座不好而灰心，想自殺的。老闆朋友們一時又很心疼他，馬上說沒關係！沒關係！再分一部片子給你拍好了。於是他又繼續創造他的威尼斯金獅獎的作品了。

川普也曾失敗，幾近破產過，在一九九一年市場泡沫化時，他的房地產資值一下子從十七億美金掉到五億美金。每年要給銀行二億美金的利息，壓力大不大？但他仍有本領熬過來，這是他善於理財，知道自己有能力，有辦法可轉化危機。因為他的財帛宮是天機化權、巨門之故。

人在許多壞的關鍵點能利用自己的優點特質來化險為夷，因此一般人就要加倍來瞭解自己。這些事業、財富成功的人，先早一步透徹地瞭解自己了，也會運用自己的好運時間了，才會屢次成功而累積財富和名聲的。

庚年出生的人特別能出人頭地
武貪格能致人發富、成功

在我研究這些成功者命格時發覺，許多成功、成名者，大多是庚年生的人，而且有武曲化權在命格的三方四合宮位上，對其人生有了莫大的助力。並且有很多人是**武曲化權處在『武貪格』暴發格上，**故能促使暴發好運，而且好運加夾著財富，一舉功成。像索羅斯和松阪大輔都是本命是武曲化權的人，命、遷二宮是『武貪格』。王健民是財、福二宮有帶武曲化權的『武貪格』。股神巴菲特因遷移宮有武曲化權、天相。布蘭森是本命為貪狼加『武貪格』，是雙重暴發運格，並且又有武曲化權。老虎伍茲有普通的『武貪格』。黑澤明和三船敏郎都是庚年生的人，命格中有武曲化權。而三船敏郎也有極強的『武貪格』，遷移宮有武曲化權。

比爾蓋茲和郭台銘也都有『武貪格』。就連卡神楊蕙如也有『武貪格』。

因此，庚年生的人和『武貪格』其實就是主人富貴的最有利的武器了。也因為具有這兩樣法寶，其人會性格特別堅毅、重利益，一生不會多做沒意義的事，人生會很嚴謹，沒有太多的休閒時間，因為根本就不會玩，因為稍玩一下，沾到酒色財氣就有是非，會損害自己的事業，因此不會做此蠢事。在人生中唯一的道路就是向前衝，打敗自己前面的記錄，不斷的超越自己。像帶著眼罩的賽馬一般，一直努力創造生命的奇蹟，跑到生命盡頭。

『陽梁昌祿格』或高學歷能增加成功機運

當我在檢視這些成功富人命格時，很深切的體會到像要做文質工作，像索羅斯，巴菲特、川普，這些人都有完整的『陽梁昌祿格』，並具有碩士以上的學歷，天天在與數字打轉，因此能聚集財富。自然在其人生中而增加財富成功的機率了。某些『陽梁昌祿格』不完整的人，則容易不在學校體系多耽擱，會直接進入職場，這就要靠別的方法來增高名聲地位了，但在財富上沒有大的幫助。

『陽梁昌祿格』是能幫助人有學習精神，計算能力好、精明幹練，有出名的機會。能成為人上人，因此沒有此格的人，或此格局不完整有瑕疵的人，就容易學習能力不強，常慢半拍，計算能力不佳，無法精明幹練，也不太容易成名，或錯過成名機會，因此『陽梁昌祿格』是能增加人之成功機運的。如果你想成功、想出名，想主富貴，就千萬別放棄此格局了。

平常人如何讓幸運之神眷顧你

倘若我們沒辦法生在庚年(因為自己無法做主)，就沒有武曲化權在命格中。有些有武曲化權，但又無法形成『武貪格』的人，或是『武貪格』有瑕疵的人，要怎樣才能讓幸運之神眷顧你？讓你事業有成就及主富呢？

那就實際一點，先把自己命格的層級定出來。看是會主貴或

$1元起家 能買空賣空的命格

主富的命格?貴有多少?富又有多少?命格中有那些優良格局可以利用?有沒有『武貪格』、『火貪格』、『鈴貪格』、『陽梁昌祿格』?命盤中財星、祿星落在那些宮位?是不是在『命、財、官』、『夫、遷、福』等宮之上,是的話,你還可以靠自己的努力去賺而得財。如果財星、祿星落在『兄、疾、田』、『父、子、僕』等宮位,表示你的財在他人身上,你必須和別人同心協力來賺這份財。如果財星或祿星落在疾厄宮,疾厄宮和父母宮相照。父母宮代表的是父母、祖上、長輩朋友、老闆、上司。因此你要小心巴結父母、長輩、上司、老闆,以便為自己增財,或從他們處得到財。

財星有武曲(正財星)、天府(財庫星)、太陰(薪金之財、銀行之

財)，化祿(人緣事業之財)、祿存(小氣財神)等等。天相、天同是福星也帶財。天相是勤勞、會理財而帶財。天同福星是吃喝不用愁，安享之財。

用黑澤明的命盤來舉例：

黑澤明命宮有太陰財星但帶化忌，因此薪水之財有古怪現象，會拖拖拉拉不順利。武曲財星帶化權和天相福星在田宅宮，表示能擁有價值高且舒適、漂亮的房子。化權會加重武曲財星的力量，能強力獲得錢財、財富，以及自己能控管錢財。他的祿星、祿存落在子女宮，又和破軍、文曲同宮。破軍、文曲是窮的格局，有祿存同宮，只有衣食之祿。但窮、不富裕。在子女宮出現這表示其子女會窮，只有衣食吃穿而已。子女宮也代表人的才華，故也代表其人的才華是讓他有衣食之祿的，賺錢不多的。再加上他原本的財帛宮不好，有『陀羅、鈴星、天空』，因此賺錢不多了。另一個祿星、化祿和太陽一起，是太陽化祿、和天梁同宮於官祿宮，這表示工作事業上是帶財的，而且男性對其人有利，男性的長輩會成為他的貴人，讓其人賺到錢。

從這些祿星、財星分佈的方式，我們可以發現：工作對黑澤明來說很重要！工作幫他實現了自己的夢想，讓他用影像表達了自己內在的文化、思想。他是不重錢財的，但一生也過得很好，衣食無憂。他一生憂愁的、煩惱的只是如何能再把故事中英雄的內涵講得更徹底、更清楚、更動人，更讓人瞭解一點而已。

世界上有三分之一的人有暴發運。包括了各式暴發運，但是真正暴發格完美無瑕疵的人只有一成左右。如果說現今世界上有六十億人，則只有一億人能有做富翁的資格。但是這一億人中，其本命中帶財的多寡，直接影響財富的多寡。有些會是大富翁，有些會是小富翁，有層次之分。要成為世界上前五百人的大富翁，可能須八字有好的配置才成了。因此你能藉運氣的運用來做一億富翁中的有資格的一人，儘量讓幸運之神眷顧你，好好把握暴發運時間，否則也只能運用財星所在宮位的力量來找出關鍵時刻，來孜孜不倦辛苦努力，像黑澤明一樣，用工作、事業上有名聲，來達到增加整個業界的產值財富，繼而使自己得到富裕的生活，得到財了。

$1元起家 能買空賣空的命格

在本書中所討論的『$1元起家』，和『買空賣空』的命格，實際上都是天生的命格而形成的特殊條件的命運人生。並不是每個人都能遇得到的。如果你有和本書相同命格的特點，請多檢視、堪察，更要學會精算流年、流日的方法。尚須加上毅力和智慧才會成功。

希望命格中有『武貪格』的人，加油吧！

希望命格是財星坐命的人，加油吧！

希望命格中有『火貪格』、『鈴貪格』的人，加油吧！

希望『命、財、官』有化權、化祿的人，加油吧！

因為你們都是未來世界的精英，能激發好運，從而創造人生的價值，則不論你是否用『買空賣空』的手段方式，或用篳路藍縷白手起家的方式，你都能盡其所能的達成生命的極限，來完成主富或主貴的人生的！

謹以此書獻給對自己有信心的人們，靜坐一會兒，用心思考一下，就能增加你的毅力和智慧，讓幸運之神關注你了！

用你的運氣來減肥瘦身

法雲居士⊙著

人身邊的運氣有很多種，有好運，也有衰運、壞運。通常大家只喜歡好運，用好運來得到財富和名利。
但通常大家也不知道，所有的運氣都是可用之材。衰運、壞運只是無法得財、得利，有禍端而已，也是有用處的。只要運用得當，即能化險為夷，反敗為勝。並且運用得法，還能減肥、瘦身、養生。

這是一種不必痛，不必麻煩，會自然而然瘦下來的減肥瘦身術，以前減肥失敗的人，應該來試試看！
學會這套方法之後，會讓你的人生全部充滿好運跟希望，所有的衰運也都變成有用的好運了！

樂透密碼

法雲居士⊙著

偏財運的暴發能量＝人的質量×時間^2（本命帶財）

本書是討論會中樂透彩的人必有其特質，其中包括了『生命財數』與『生命數字』。
能中樂透彩的人必有暴發運，
世界上有三分之一的人有暴發運。
因此能中樂透彩之人必有其數字金鑰和生命密碼。
如何運用這個密碼和金鑰匙打開生命中的最高旺運機會，又將在何時能掌握到這個生命的最高峰，這本『樂透密碼』將會為您解開通往幸運之門的答案！

如何創造事業運

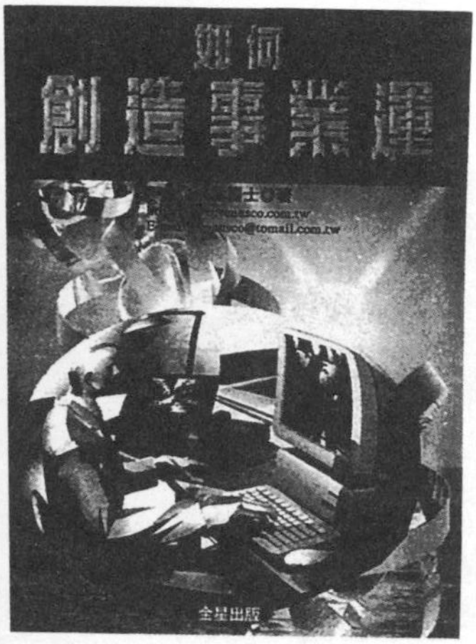

人生中有千百條的道路，
但只有一條，是最最適合你的，
也無風浪，也無坎坷，可以順暢行走的道路
那就是事業運！
有些人一開始就找對了門徑，
因此很早、很年輕的便達到了目的地，
成為事業成功的菁英份子。
有些人卻一直在茫然中摸索，進進退退，虛度了光陰。
屬於每個人的人生道路不一樣，屬於每個人的事業運也不一樣
要如何判斷自己是否走對了路？
一生的志業是否可以達成？
地位和財富能否得到？在何時可得到？
每個人一生的成就，在紫微命盤中都有顯示，
法雲居士以紫微命理的方式，幫助你檢驗人生，
找出順暢的路途，完成創造事業運的偉大工程！

紫微成功交友術

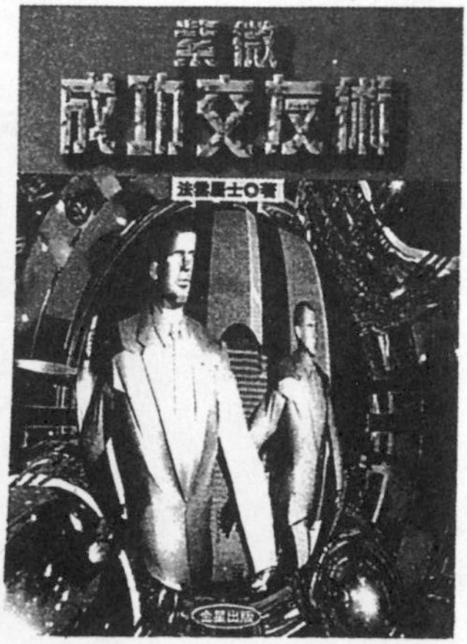

成功的人都有成功的好朋友！
失敗的人也都有運程晦暗的朋友！
好朋友能幫助你在人生中『大躍進』！
壞朋友只能為你『扯後腿』！
如何交到好朋友？
好提升自己人生的層次，進入成功者的行列！
『交友成功術』教你掌握『每一個交到益友的企機』！
讓你此生不虛此行！

對你有影響的

權 祿 科

法雲居士⊙著

在每一個人的生命歷程中，都會有能掌握一些事情的力量，和對某些事情能圓融處理。又有某些事情是使你頭痛或阻礙你、磕絆你的痛腳。這些問題全來自於出生年份所形成的化權、化祿、化科、化忌的四化的影響。

『權、祿、科』是對人有利的，能促進人生進步、和諧、是能創造富貴的格局。『權、祿、科』的配置好壞就是能決定人生加分、減分的重要關鍵所在。

對你有影響的

十干化忌

法雲居士⊙著

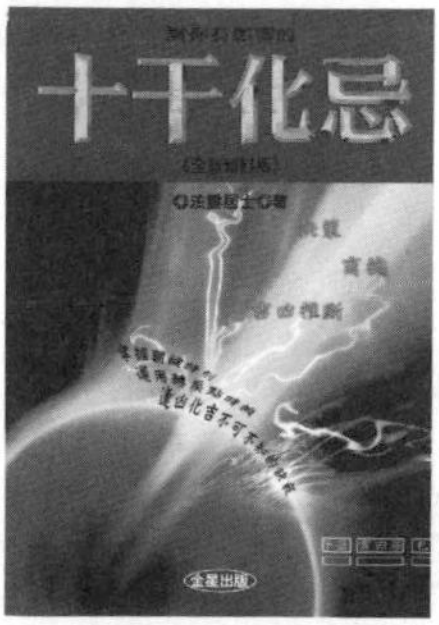

『權祿科忌』是一種對人生的規格與約制，十種年干形成十種不同的、對人命的規格化，以出生年份所形成的四化，其實就已規格化了人生富貴與成就高低的格局。

『權祿科』是決定人生加分的重要關鍵，『化忌』是決定人生減分的重要關鍵，加分與減分相互消長，形成了人世間各個不同的人生格局。『化忌』也會是你人生命運的痛腳及力猶未逮之處。

如何算出你的偏財運

這是一本讓你清楚掌握人生運程高潮的書，
讓你輕而易舉的獲得令人欽羨的事業和財富。
你有沒有偏財運？偏財運會改變你的一生！
你在何時會有偏財運？如何幫助引爆偏財運？
偏財運的禁忌？等等種種問題，
在此書中會清楚的找到解答。
法雲居士集二十年之研究經驗，利用科學命理的方法
教你準確的算出自己偏財運的爆發時、日。
若是你曾經爆發過好運，或是一直都沒有好運的人
要贏！要成功！一定要看這本書！
為自己再創一個奇蹟！

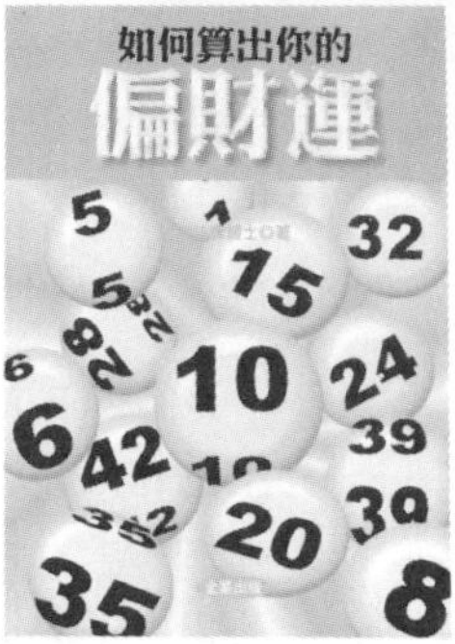

命理生活新智慧・叢書

熱賣中

紫微幫你找工作

『男怕入錯行，女怕嫁錯郎』。
現在的人都怕入錯行。
你目前的職業是否真是適合你的行業？
入了這一行，為何不賺錢？
你要到何時才會有自己滿意的收入？

法雲居士用紫微命理幫你找出發財、升官之路，並且告訴你何時是你事業上的高峰期，要怎麼做才會找到自己有興趣的工作？
要怎樣做才能讓工作一帆風順、青雲直上，沒有波折？
『紫微幫你找工作』就是這麼一本處處為你著想，為你打算、幫助你思考的一本書。

樂透密碼

本書是討論會中樂透彩的人必有其特質，
其中包括了『生命財數』與『生命數字』。
能中樂透彩的人必有暴發運，
世界上有三分之一的人有暴發運。
因此能中樂透彩之人必有其數字金鑰和生命密碼。
如何運用這個密碼和金鑰匙打開生命中的
最高旺運機會，又將在何時能掌握到這個
生命的最高峰，
這本『樂透密碼』將會為您解開通往幸運之門的答案！

如何掌握你的桃花運

桃花運不但有異性緣，
也有人緣，還主財運、官運，
你知道如何利用桃花運來增財運與官運的方法嗎？
桃花運太多與桃花運太少的人都有許多的煩惱！
要如何解決這些問題？如何把桃花運化為善緣？
助你處世順利又升官發財，
現代人的ＥＱ寶典！
你不能不知道！

如何選取喜用神

(上冊)選取喜用神的方法與步驟
(中冊)日元甲、乙、丙、丁選取喜用神的重點與舉例說明
(下冊)日元戊、己、庚、辛、壬、癸選取喜用神的重點與舉例說明

每一個人不管命好、命壞，都會有一個用神和忌神。
喜用神是人生活在地球上磁場的方位。
喜用神也是所有命理知識的基礎。
及早成功、生活舒適的人，都是生活在喜用神方位的人。
運蹇不順、夭折的人，都是進入忌神死門方位的人。
門向、桌向、床向、財方、吉方、忌方，全來自於喜用神的方位。
用神和忌神是相對的兩極。
一個趨吉，一個是敗地、死門。
兩者都是人類生命中最重要的部份。
你算過無數的命，但是不知道喜用神，還是枉然。
法雲居士特別用簡易明瞭的方式教你選取喜用神的方法，
並且幫助你找出自己大運的方向。

考試你最強

法雲居士⊙著

讓老天爺站在你這邊幫忙你考試

- 老天爺給你一天中的好時間、給你主貴的『陽梁昌祿』格、給你暴發運的好運、給你許許多多零碎的、小的旺運來幫忙你K書、考試。但你仍需有智慧會選邊站，老天爺才會站在你這邊！

如何運用運氣來考試

- 運氣是由許多小的時間點移動的過程所形成的，運用及抓住好的時間點，就能駕馭運氣、讀書、K書就不難了，也更能呼風喚雨，任何考試都手到擒來，考試強強滾！
考試你最強！

紫微姓名學

法雲居士⊙著

『紫微姓名學』是一本有別於坊間出版之姓名學的書，
我們常發覺有很多人的長相和名字不合，
因此讓人印象不深刻，
也有人的名字意義不雅或太輕浮，以致影響了旺運和官運，
以紫微命格為主體所選用的名字，
是最能貼切人的個性和精神的好名字，
當然會使人印象深刻，也最能增加旺運和財運了。
『姓名』是一個人一生中重要的符號和標幟，
也表達了這個人的精神和內心的想望，
為人父母為子女取名字時，就不能不重視這個訊息的傳遞。

法雲居士以紫微命格的觀點為你詳解『姓名學』中，
必須注意的事項，助你找到最適合、助運、旺運的好名字。

紫微手相學

法雲居士⊙著

這本書是結合紫微斗數的精華和手相學的精華
而相互輝映的一本書。

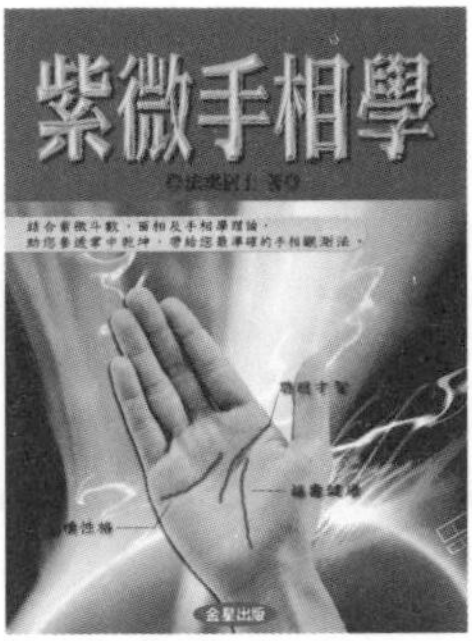

手相學和人的面相有關。
紫微斗數中每種命格也都有其相同特徵
的面相。因此某些特別命格的人，就會
具有類似的手相了。
當紫微命格中的那一宮不好，或特吉，
你的手相上也會特別顯示出來這些特
徵。

法雲居士依據對紫微斗數的深刻研究，
將人手相上的特徵和命格上的變化，
一一歸納、統計而寫成此書，
提供大家參考與印證！

如何為寵物算命
旺運寵物命相館

法雲居士⊙著

這是一本談如何為寵物算命的書。
每個人都希望養到替自己招財、招旺運的寵物，
運氣是『時間點』運行形成的結果！

人有運氣，寵物也有運氣，如何將旺運
寵物吸引到我們人的磁場中來，將兩個
旺運相加到一起，使得我們人和寵物能
一起過快樂祥和的日子。

讓人和寵物都能相知相惜，彷彿彼此都
找對了貴人一般！
這就是這本書的主要目的！
並且這本書不但教你算寵物的命，
也讓你瞭解自己的命，知己知彼，
更能印證你和寵物之間的緣份問題！

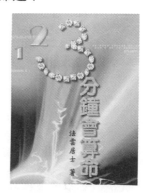

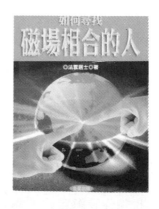

合理生活新智慧・叢書23

如何幫子女找一個好生辰

歷史的經驗裡，告訴我們
格的好壞和生辰的時間有密切關係，
格的高低又和誕生環境有密切關係，
就是自古至今，做官的、政界首腦人
、精明富有的老闆，永享富貴及高知
文化。
平民百姓永遠在清苦的生活中與低文
的水平裡輪迴的原因。
生辰的時間，決定命格的形成。
格又決定人一生的成敗、運途與成就，
一個人在受孕及出生的那一剎那已然
定了一生！
多父母疼愛子女，想給他一切世間最
好的東西，但是為什麼不給他『好命』
？
幫子女找一個好生辰』就是父母能為
女所做，而很多人卻沒有做的事，有
慧的父母們！驚醒吧！
不要讓子女一開始就輸在命運的起跑
上！

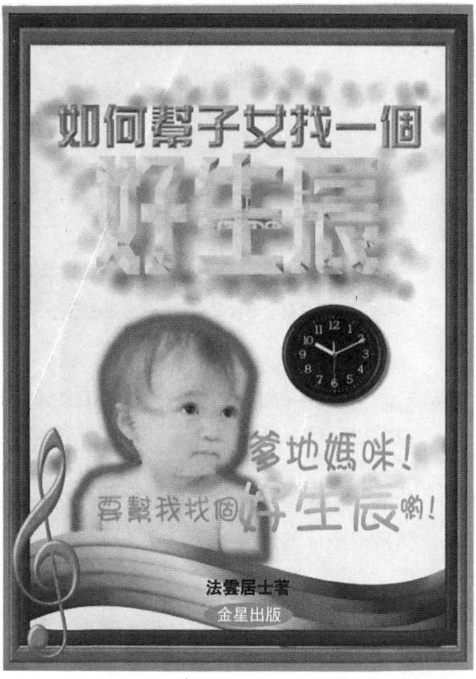

●金星出版●

地址：台北市林森北路380號901室
電話：(02)25630620・28940292
傳真：(02)28942014
郵撥：18912942 金星出版社帳戶

偏財運風水大解析

偏財運風水就是『暴發運風水』！
偏財運風水格局與一般風水不同，
好的偏財運風水格局會使人發富得到大富貴
邪惡的偏財運風水格局會使人泯滅人性、
和黑暗、死亡、淒慘事件有關。

人人都希望擁有偏財運風水寶地，
但殊不知在偏財運風水
之後還隱藏著不為人知的黑暗恐怖面。
如何運用好的偏財運風水促使自己成就大富貴，
而不致落入壞的偏財運風水的陷井中，
這就是一門大學問了！

法雲老師運用很多實例幫你來瞭解偏財運風水精髓，
更會給你最好的建議，讓你促發，
並平安享用偏財運所帶來的之富貴！

紫微談判學

法雲居士⊙著

現今工商業社會中，談判、協商是議事的主流。
每一個人一輩子都會經歷無數的談判和協商。
談判是一種競爭！也是一種營謀！
更是一種雙方對手的人性基因在宇宙中相遇激盪的火花。
『紫微談判學』就是這種帶動人生好運、集管理時間、組合空間、營謀智慧、人緣、創造新企機。
屬於『天時、地利、人和』成功法則的新的計算、統計、歸納的學問。

法雲居士用紫微命理教你計算、掌握時間的精密度，繼而達到反敗為勝以及永遠站在勝利高峰的成功法則。